NCS 직업기초능력평가

2024

일반고
특성화고
마이스터고

최신 공기업
고졸채용
기출유형

6회

고시넷 NCS

공기업 고졸채용 NCS 기출예상모의고사

동영상 강의 WWW.GOSINET.CO.KR

정답과 해설

gosinet
(주)고시넷

NCS 직업기초능력평가

2024

일반고
특성화고
마이스터고

최신 공기업
고졸채용
기출유형

6회

고시넷 NCS

공기업 고졸채용 NCS 기출예상모의고사

동영상 강의 WWW.GOSINET.CO.KR

정답과 해설

gosinet
(주)고시넷

정답과 해설

1회 기출예상문제

문제 22쪽

01	④	02	①	03	⑤	04	②	05	③
06	①	07	③	08	①	09	③	10	⑤
11	④	12	①	13	④	14	③	15	③
16	④	17	④	18	①	19	④	20	①
21	①	22	③	23	③	24	①	25	④
26	②	27	①	28	⑤	29	②	30	①
31	②	32	②	33	②	34	③	35	③
36	①	37	①	38	③	39	②	40	②
41	④	42	③	43	④	44	④	45	①
46	③	47	④	48	④	49	③	50	②

01 문서작성능력 문맥상 의미가 비슷한 단어 찾기

| 정답 | ④

| 해설 | • 주무(主務) : 사무를 주장하여 맡음.

• 직할(直轄) : 중간에 다른 기구나 조직을 통하지 아니하고 직접 관할함.

| 오답풀이 |

① • 여망(輿望) : 많은 사람들이 간절히 기대하고 바람. 또는 그 기대나 바람
  • 기대(期待) : 어떤 일이 원하는 대로 이루어지기를 바라면서 기다림

② • 수준(水準) : 사물의 가치나 질 따위의 기준이 되는 일정한 표준이나 정도
  • 차원(次元) : 사물을 보거나 생각하는 처지. 또는 어떤 생각이나 의견 따위를 이루는 사상이나 학식의 수준

③ • 방안(方案) : 일을 처리하거나 해결하여 나갈 방법이나 계획
  • 방책(方策) : 방법과 꾀를 아울러 이르는 말

⑤ • 추진(推進) : 목표를 향하여 밀고 나아감.
  • 진행(進行) : 앞으로 향하여 나아감. 일 따위를 처리하여 나감.

02 문서작성능력 글의 흐름에 맞는 뜻 찾기

| 정답 | ①

| 해설 | 제시된 문장과 ①의 '묻다'는 '일을 드러내지 아니하고 속 깊이 숨기어 감추다'는 의미로 쓰였다.

| 오답풀이 |

② '무엇을 밝히거나 알아내기 위하여 상대편의 대답이나 설명을 요구하는 내용으로 말함'의 의미로 쓰였다.

③ '가루, 풀, 물 따위가 그보다 큰 다른 물체에 들러붙거나 흔적이 남게 됨'의 의미로 쓰였다.

④ '어떠한 일에 대한 책임을 따짐'의 의미로 쓰였다.

⑤ '얼굴을 수그려 손으로 감싸거나 다른 물체에 가리듯 기댐'의 의미로 쓰였다.

03 문서작성능력 문장 정확히 쓰기

| 정답 | ⑤

| 해설 | 운용은 '무엇을 움직이게 하거나 부리어 씀'의 의미를 갖는 단어로 적절하게 사용되었으며 문장의 호응관계도 적절하다.

| 오답풀이 |

① 부사 '여간'은 '그 상태가 보통으로 보아 넘길 만한 것'의 의미를 지니는 단어로 '않다'와 같이 부정의 의미를 지니는 단어와 함께 쓰여야 한다.

② 문장의 호응이 맞지 않으므로 '불가피할 것으로 전망된다'로 써야 한다.

③ 김 과장이 관련 부서 담당자와 함께 협력업체 실무자를 방문한 것인지 관련 부서담당자와 협력업체 실무자를 동시에 방문한 것인지 알 수 없는 문장이다.

④ '판매하다'는 상품 따위를 팔 때 쓰는 단어이므로 '신제품의 기능을 홍보하고 제품을 판매할 예정이다'로 써야 한다.

04 문서작성능력 맞춤법에 맞게 글쓰기

| 정답 | ②

| 해설 | 의존 명사 '시'는 '사용 시'와 같이 앞말과 띄어 적어야

한다. 다만 '비상시(非常時), 유사시(有事時), 평상시(平常時), 필요시(必要時)'와 같이 합성어로 인정된 경우는 '시'를 앞말과 띄어 적지 않는다.

05 문서작성능력 올바른 맞춤법 쓰기

| 정답 | ③

| 해설 | '거'는 '것'을 구어적으로 표현하는 의존 명사로 '좋을 거 같다'와 같이 띄어 써야 한다.

| 오답풀이 |

① '해보니까'는 본용언과 보조 용언의 구성으로 띄어 쓰는 것이 원칙이나 붙여 쓰는 것도 허용된다.

② 접사 '–들'은 명사의 뒤에 붙어 '복수'의 뜻을 나타내는 것으로 앞말과 붙여 쓰며, 의존 명사 '들'은 열거한 사물 모두를 가리키는 것으로 앞말과 띄어 쓴다.

④ 의존 명사 '등'은 앞말과 띄어 써야 한다.

⑤ '보란 듯이'의 '듯'은 의존 명사이므로 앞말과 띄어 써야 한다.

06 문서작성능력 흐름에 맞게 문장 나열하기

| 정답 | ①

| 해설 | 〈보기〉의 문장들을 보면 모두 휴대용 물통에 대한 단점을 나열하고 있다. 그러나 제시된 글의 마지막 줄을 보면 휴대용 물통의 판매는 증가 추세에 있다고 하였으므로 이와 반대되는 문장이 먼저 나와야 함을 알 수 있다. 그러므로 ㉢이 가장 먼저 와야 하며, 휴대용 물통을 쓰지 않는 첫 번째 원인을 얘기하는 ㉤이 다음에 온다. 이어 첫 번째 원인에 대해 구체적으로 설명하고 있는 ㉡이 다음에 오고, 두 번째 원인인 ㉠과 이에 대해 구체적으로 설명하고 있는 ㉣이 마지막에 온다.

따라서 올바른 순서는 ㉢–㉤–㉡–㉠–㉣이다.

07 문서작성능력 내용에 알맞은 제목 작성하기

| 정답 | ③

| 해설 | 제시된 글은 도시공원의 역할과 중요성에 관해 설명하고 있으며 현재 도시공원의 문제점에 대해 언급하고 있다. 또한 도시공원의 문제점을 개선하여 모두가 동등하게 이용할 수 있게 해야 한다는 점을 강조하고 있다. 따라서 이 글의 제목으로 가장 적절한 것은 ③이다.

08 의사표현능력 글의 내용 표현하기

| 정답 | ①

| 해설 | ㉠은 도시공원은 사람들이 선호하는 도시 시설 가운데 하나이지만 사회적 약자들은 이용하기 어려운 상황을 설명하고 있다. 따라서 '아무리 마음에 들어도 이용할 수 없거나 차지할 수 없는 경우를 이르는 말'인 '그림의 떡'이 ㉡에 들어가는 것이 가장 적절하다.

09 문서작성능력 문단 순서 배치하기

| 정답 | ③

| 해설 | 먼저 1980년대 배경에 대해 설명하는 (나)가 나온다. 다음으로 (나)에 제시된 주택난을 해결하는 제도인 선분양제도가 언급되는 (가)가 이어지며, '그러나 이 제도는'으로 시작하며 제도의 문제점을 설명하는 (라)가 이어지는 것이 적절하다. 이어 문제점을 해결하기 위한 (다)로 마무리되는 것이 적절하다. 따라서 글의 순서는 (나)–(가)–(라)–(다)이다.

10 문서이해능력 선분양제와 후분양제의 차이 이해하기

| 정답 | ⑤

| 해설 | 후분양제는 소비자가 짧은 기간 안에 자금을 마련해야 한다는 부담이 있으며, 선분양제는 분양을 받고 2 ~ 3년 후 입주 때까지 자금을 마련할 기간이 있다.

11 문서작성능력 흐름에 맞게 문장 배치하기

| 정답 | ④

| 해설 | 〈보기〉의 문장은 글쓴이가 바라는 세상의 모습을 드러내고 있다. 또한 '그리고'로 시작하고 있으므로 앞 문장

역시 글쓴이가 바라는 세상의 모습을 얘기하고 있을 것임을 유추할 수 있다. (ㄹ)의 앞 문장에서 그러한 바람이 나타나고 있으며, (ㄹ)의 뒷 문장은 '그런 세상들'로 시작하고 있으므로 〈보기〉의 문장이 들어가기에 가장 적절하다.

12 문서작성능력 글의 전개 방식 파악하기

| 정답 | ①

| 해설 | 글쓴이는 재난으로 고통 받고 있는 아이들에 대한 다양한 사례를 들어 독자들의 감정을 자극하면서, 마술 지팡이처럼 아동이 신체적, 지적, 정신적, 도덕적, 사회적 발달에 맞는 생활수준을 누리고 있는지 귀 기울이고 지켜봐야 한다며 의견에 대한 공감을 이끌어 내고 있다.

13 문서작성능력 올바른 맞춤법 쓰기

| 정답 | ④

| 해설 | '매 때마다'라는 뜻의 '번번이'가 맞는 표현이다.

| 오답풀이 |

① 이미 있는 상태 그대로 있다는 뜻으로 '–은/는 채'의 구성으로 쓰인다.

② 동사 '조이다'에 어미 '–어'가 붙어 이루어진 말로 '조이어' 또는 '죄어'로 나타난다.

③ 이것저것 따지고 가려 말하지 아니함을 뜻한다.

⑤ '가리어진'의 준말로, 무엇이 사이에 가리게 되어 보이지 않게 되거나 드러나지 않게 됨을 뜻한다.

14 문서이해능력 세부 내용 이해하기

| 정답 | ③

| 해설 | 다섯 번째 문단에 '이렇게 상호출자집단에 속한 기업들은 기업 매출이나 자산 규모와는 무관하게 대기업으로 분류가 된다'고 제시되어 있다.

| 오답풀이 |

① 여섯 번째 문단에 '2014년 이전만 해도 중소기업의 분류 기준이 기업의 종사자 수가 300명 이하인지 아닌지로 설정되어 있었기 때문이다'라고 제시되어 있다.

② 여섯 번째 문단에 '이와 같이 중소기업, 대기업에 대한 법적인 개념이 명확한 데 비해'라고 제시되어 있다.

④ 네 번째 문단에 '기업집단의 자산이 10조 원 이상이 되면'이라고 제시되어 있다. 따라서 1천억 원이 아닌 10조 원 이상을 자산으로 보유한 기업이 대기업으로 분류된다.

⑤ 첫 번째 문단에 '중소기업기본법에서는 기업의 3년간 평균 매출액에 따라 그 기업이 중소기업인지 아닌지를 정하고 있다'고 제시되어 있다.

15 문서이해능력 기준치 적용하기

| 정답 | ③

| 해설 | ㉡ 플라스틱 제조회사는 평균 매출액이 1,000억 원 이하여야 한다. B 회사의 3년간 월평균 매출액이 2억 원이므로, 평균 매출액은 $2\times12=24$(억 원)이다. 따라서 B 회사는 중소기업으로 볼 수 있다.

㉣ 광학기기 제조회사는 평균 매출액이 800억 원 이하여야 한다. D 회사의 3년간 총 매출액이 2천억 원이므로, 3년간 평균 매출액은 $\frac{2,000}{3}\fallingdotseq667$(억 원)이다. 또한 대기업으로 분류되어야 하는 기업집단의 자산인 10조 원보다 적은 5조 원을 보유 중이므로 D 회사는 중소기업으로 볼 수 있다.

| 오답풀이 |

㉠ 건설회사는 평균 매출액이 1,000억 원 이하여야 한다. A 회사는 3년간 연평균 매출액이 900억 원이지만 대기업으로 분류되어야 하는 기업집단의 자산인 10조 원만큼의 자산을 보유하고 있다. 따라서 A 회사는 중소기업으로 볼 수 없다.

㉢ 가구회사는 평균 매출액이 1,500억 원 이하여야 한다. C 회사의 2022년 매출액은 5,000억 원이며 중소기업을 분류하기 위해서는 3년간의 연평균 매출액을 계산해야 하는데, $\frac{5,000}{3}\fallingdotseq1,667$(억 원)으로 이미 1,500억 원을 초과하므로 C 회사는 중소기업으로 볼 수 없다.

ⓜ 호텔은 평균 매출액이 400억 원 이하여야 한다. E 호텔은 3년간 총 매출액이 3,000억 원이므로 3년간 연평균 매출액이 $\frac{3,000}{3}=1,000$(억 원)으로 400억 원을 초과하며 공정거래위원회에서 기업 총수를 정했다는 것은 보유 자산이 10조 원 이상임을 의미하므로 E 호텔은 중소기업으로 볼 수 없다.

16 문서작성능력 기사문 제목 정하기

| 정답 | ④

| 해설 | 제시된 기사의 내용은 미국의 청소년 흡연율이 높은 수치를 기록하며, 높은 청소년 흡연율과 낮은 담배 구입 연령 제한이 연관이 있다는 연구 결과가 나와 미국의 여러 주가 담배 구입 연령 제한을 상향했다는 것이다. 따라서 '미국, 심각한 청소년 흡연율에 다수의 주들 담배 구입 연령 21세로 상향 조정'이 가장 적절하다.

17 문서이해능력 세부 내용 이해하기

| 정답 | ④

| 해설 | 첫 번째 문단을 보면 구멍가게는 손님들에게 무관심한 편의점과는 달리 단순히 물건을 사고파는 장소가 아닌 주민들의 교류를 이끄는 허브 역할을 하며, 주인은 손님들을 예외 없이 맞이한다고 나와 있다.

| 오답풀이 |

① 첫 번째 문단을 보면 '편의점은 인간관계의 번거로움을 꺼려하는 도시인들에게 잘 어울리는 상업 공간'이라고 나와 있다.

② 두 번째 문단을 보면 편의점 천장에 붙어 있는 CCTV는 도난 방지 용도만이 아니며, 그 외에 고객의 연령대와 성별 등을 모니터링하려는 목적도 있다고 하였다.

③ 두 번째 문단을 보면 편의점 본사는 일부 지점에서 입력한 구매자들에 대한 정보와 CCTV로 녹화된 자료를 주기적으로 받아 이를 토대로 영업 전략을 세우는 데 활용한다고 나와 있다.

⑤ 두 번째 문단을 보면 편의점에는 본사의 영업 전략에 활용하기 위해 계산기의 버튼, CCTV 등 소비자의 정보를 입수하기 위한 장치들이 설치되어 있다고 나와 있다.

18 문서작성능력 흐름에 맞게 접속어 넣기

| 정답 | ①

| 해설 | (A)의 앞 문장을 보면 구멍가게의 주인은 손님을 예외 없이 맞이하고 있다는 내용이, 뒤 문장을 보면 손님은 무엇을 살지 확실히 정하고 들어가야 한다는 내용이 나와 있다. 앞 문장이 뒤 문장의 원인이 되고 있으므로 '따라서' 또는 '그러므로'가 들어가야 한다.

(B)의 앞부분에는 손님을 맞이하는 구멍가게에 대해 설명하고, 뒷부분에는 손님에게 무관심한 편의점에 대해 설명하고 있다. 앞뒤 내용이 상반되므로 '그러나', '그런데', '하지만'이 들어가야 한다.

(C)의 앞 문장을 보면 편의점의 점원은 손님에게 '무관심'한 배려를 건넨다는 내용이, 뒤 문장을 보면 손님은 특별히 살 물건이 없어도 부담 없이 매장을 둘러볼 수 있다는 내용이 나와 있다. 앞 문장이 뒤 문장의 원인이 되고 있으므로 '그래서' 또는 '그러므로'가 들어가야 한다.

(D)의 앞 문단을 보면 손님에 대해 무관심한 배려를 건네는 편의점의 특징에 대해 설명하고 있고, 뒤 문단을 보면 역설적으로 고객의 정보를 상세하게 입수하고 있는 편의점에 대해 설명하고 있다. 앞뒤 내용이 상반되므로 '그런데', '하지만'이 들어가야 한다.

따라서 (A) ~ (D)에 들어갈 접속어로 가장 적절한 것은 ①이다.

19 기초연산능력 카드값 구하기

| 정답 | ④

| 해설 | A 씨의 이번 달 카드값은 $124\times(1+0.3)=161.2$(만 원)이다.

20 기초통계능력 원탁에 앉는 경우의 수 구하기

| 정답 | ①

| 해설 | 5명이 원탁에 앉는 경우의 수는 (5−1)!=4×3×2×1=24(가지)이다.

21 기초통계능력 경우의 수 구하기

| 정답 | ①

| 해설 | 채점하는 방법은 다음과 같이 총 9가지이다.

구분	A 답안지	B 답안지	C 답안지	D 답안지
채점자	B	A	D	C
		C	D	A
		D	A	C
	C	A	D	B
		D	A	B
		D	B	A
	D	A	B	C
		C	A	B
		C	B	A

22 기초연산능력 일률 활용하기

| 정답 | ③

| 해설 | 전체 일의 양을 1로 두면, 1시간에 A 사원이 하는 일의 양은 $\frac{1}{4}$, B 사원이 하는 일의 양은 $\frac{1}{6}$이다. A 사원과 B 사원이 함께 일을 하면 1시간에 $\frac{1}{4}+\frac{1}{6}=\frac{5}{12}$만큼의 일을 하므로 $1\div\frac{5}{12}=\frac{12}{5}$(시간), 즉 2시간 24분이 걸린다.

23 기초연산능력 방정식 활용하기

| 정답 | ③

| 해설 | 피자를 x판 판매한다고 하면 다음과 같은 식이 성립한다.

$$\{(10{,}000-7{,}000)x-900{,}000\}\times 0.8=6{,}000{,}000$$

$$3{,}000x-900{,}000=7{,}500{,}000$$

$$3{,}000x=8{,}400{,}000$$

$$x=2{,}800$$

따라서 2,800판의 피자를 팔아야 한다.

24 기초연산능력 수열 활용하기

| 정답 | ①

| 해설 | 각 주머니에 들어가는 카드의 숫자는 다음과 같다.

첫 번째 주머니	두 번째 주머니	세 번째 주머니	네 번째 주머니	다섯 번째 주머니	…
1	2, 3	4, 5, 6	7, 8, 9, 10	11, 12, 13, 14, 15	…

각 주머니에 들어가는 카드의 숫자 중 가장 작은 숫자만 나열해보면 계차수열을 이루고 있음을 알 수 있다.

1 → 2 → 4 → 7 → 11
(+1, +2, +3, +4)
(+1, +1, +1)

따라서 n번째 주머니에 들어가는 카드의 숫자 중 가장 작은 숫자를 a_n이라 하면 $a_n=1+\sum_{k=1}^{n-1}k=1+\frac{n(n-1)}{2}$이다.

$a_{45}=1+\frac{45\times 44}{2}=991$이므로 1,000이 적힌 카드가 들어있는 주머니에는 991부터 1,000까지의 10장의 카드가 들어있다.

25 기초연산능력 비율 계산하기

| 정답 | ④

| 해설 | 여자 직원은 55%, 남자 직원은 45%이다. 그중 연수에 참여한 직원은 남자 직원 45%의 70%와 여자 직원 55%의 30%이므로 45×0.7+55×0.3=31.5+16.5=48(%)이다. 따라서 (연수에 참여한 직원) : (연수에 참여하지 않은 직원)=48 : 52=12 : 13이다.

26 기초통계능력 확률 계산하기

| 정답 | ②

| 해설 | (승호가 꺼낸 숫자, 정민이 꺼낸 숫자, 선우가 꺼낸 숫자)로 나열할 때 선우가 가장 큰 숫자를 꺼낸 경우는 (1, 2, 3), (1, 2, 4), (1, 2, 6), (5, 2, 6)의 4가지이다. 전체 경우의 수는 3×3×3=27(가지)이므로 확률은 $\frac{4}{27}$이다.

27 기초연산능력 거리 · 속력 · 시간 활용하기

| 정답 | ①

| 해설 | 철수가 출발한 후 x초 후 영희를 따라잡게 된다고 가정할 때, 영희는 출발한 지 $(x+20)$초가 지나게 된다. 1시간=3,600초임을 고려하여 식을 세우면 다음과 같다.

$$6\times\frac{x+20}{3{,}600}=10\times\frac{x}{3{,}600}$$

양 변에 3,600을 곱하면

$$6\times(x+20)=10\times x$$

$$6x+120=10x$$

$$\therefore\ x=30$$

따라서 철수가 출발한 후 30초 후 영희를 따라잡게 된다.

28 도표분석능력 자료의 수치 분석하기

| 정답 | ⑤

| 해설 | '오펀나지'와 '동감'의 스크린당 관객 수는 다음과 같다.

- 오펀나지 : $\frac{491{,}532}{1{,}081}\fallingdotseq 454.70$(명)
- 동감 : $\frac{464{,}015}{837}\fallingdotseq 554.38$(명)

따라서 스크린당 관객 수는 동감이 오펀나지보다 많다.

29 기초연산능력 환전한 금액 구하기

| 정답 | ②

| 해설 | 228,000원을 100엔당 1,140원으로 환전하면 20,000엔이 되고, 그중 70%를 사용하였으므로 남은 돈은 6,000엔이다. 이후 100엔당 950원으로 6,000엔을 원화로 환전하면 57,000원이 되므로 원화로 환전한 후 남은 돈은 A가 처음 환전한 돈의 $\frac{57{,}000}{228{,}000}\times 100=25(\%)$이다.

30 도표분석능력 자료의 수치 분석하기

| 정답 | ①

| 해설 | 20X3년의 태양열에너지 공급량은 2019년에 비하여 감소하였다.

| 오답풀이 |

② 자료에 제시된 전체 신 · 재생에너지의 공급량은 20X1년부터 순서대로 9,543.1천toe, 11,092.5천toe, 13,015천toe이다. 따라서 매년 신 · 재생에너지의 공급량은 증가하였다.

31 도표분석능력 자료의 수치 분석하기

| 정답 | ②

| 해설 | ㉡ 2016년에는 아프리카, 기타 지역에서 수주 실적이 전년 대비 증가하였다.

㉢ 2019년에는 중동이 가장 많았으며, 그 다음은 아시아, 미주, 기타, 아프리카 순으로 나타났다. 그러나 2020년에는 중동이 가장 많은 것은 동일하나, 그 다음은 아시아, 아프리카, 미주, 기타 순이었다.

| 오답풀이 |

㉠ 해외 플랜트 총 수주 실적은 2017년부터 2019년까지 각각 59,534백만 불, 36,458백만 불, 20,930백만 불로 지속적으로 감소했으나, 2020년에는 26,709백만 불로 전년에 비해 증가했다.

㉣ 2018년 아프리카의 전년 대비 수주 실적은 $\frac{6{,}839-486}{6{,}839}\times 100\fallingdotseq 92.9(\%)$ 감소하였다.

㉤ 2019년에는 발전&담수 실적이 가장 많았지만, 2020년에는 오일&가스(육상)의 실적이 가장 많았다.

32 도표작성능력 그래프로 변환하기

| 정답 | ②

| 해설 | ㉠ 2019년 해외 플랜트 설비별 수주 실적의 비중은 석유화학이 $\frac{4,097}{20,930} \times 100 \fallingdotseq 20(\%)$, 산업시설이 $\frac{2,780}{20,930} \times 100 \fallingdotseq 13(\%)$이다.

㉣ 2020년 지역별 해외 플랜트 수주 실적의 비중은 중동이 $\frac{12,122}{26,709} \times 100 \fallingdotseq 45(\%)$, 미주가 $\frac{2,142}{26,709} \times 100 \fallingdotseq 8(\%)$이다.

| 오답풀이 |

㉡ 아프리카 수주 실적의 전년 대비 증감률은

2019년 $\frac{1,115-486}{486} \times 100 \fallingdotseq 129(\%)$,

2020년 $\frac{3,070-1,115}{1,115} \times 100 \fallingdotseq 175(\%)$이다.

㉢ 해외 플랜트 총 수주 실적의 전년 대비 증감률은

2018년 $\frac{36,458-59,534}{59,534} \times 100 \fallingdotseq -39(\%)$,

2019년 $\frac{20,930-36,458}{36,458} \times 100 \fallingdotseq -43(\%)$이다.

33 도표분석능력 자료의 수치 분석하기

| 정답 | ②

| 해설 | 이동편의시설 개량에 투자하는 금액은 20X8년과 20X9년에 증가한다.

| 오답풀이 |

① 노후기반시설개량에 투자하는 금액은 520 → 575 → 660 → 715억 원으로 매년 증가한다. 계산을 하지 않아도 노후신호설비 개량, 노후통신설비 개량에 투자하는 금액이 각각 매년 증가하므로 전체 금액도 매년 증가함을 알 수 있다.

③ LTE 기반 철도 무선망 구축에 대한 총 투자금이 3,320억 원으로 가장 많다.

④ 승강장조명설비 LED 개량에는 20X6년, 20X7년에만 투자가 이루어진다.

⑤ 구조물원격관리시스템 구축에 투자하는 금액은 20X9년이 170억 원으로 가장 많다.

34 도표작성능력 그래프로 변환하기

| 정답 | ③

| 해설 | ㉠ $\frac{80-60}{60} \times 100 \fallingdotseq 33(\%)$

㉡ $\frac{550-500}{500} \times 100 = 10(\%)$

35 도표작성능력 그래프로 변환하기

| 정답 | ③

| 해설 | 20X9년의 개량투자계획 총 투자금에서 기반시설 성능개선에 투자하는 금액이 차지하는 비중은 $\frac{1,000+40+100}{3,000} \times 100 = 38(\%)$이다.

36 사고력 단어 관계 파악하기

| 정답 | ①

| 해설 | 지구 온난화와 환경 문제는 포함관계이다. 선택지 중 '하위어 : 상위어'의 관계인 것은 ①이다.

| 오답풀이 |

② '계절 : 봄'은 '상위어 : 하위어'의 관계이다.

37 사고력 단어 관계 파악하기

| 정답 | ①

| 해설 | 지구 온난화와 침수는 인과관계이다. 선택지 중 인과관계인 것은 ①이다.

| 오답풀이 |

② '빵 : 밀가루'는 재료－결과물관계이다.

④ '버스 : 지하철'은 동위관계이다.

38 사고력 진술을 바탕으로 추론하기

| 정답 | ③

| 해설 | 들찬이는 아름이보다 크고 윤슬이 들찬보다 크므로 아름－들찬－윤슬 순이 된다. 도담이 제일 작고 윤슬이 제일 큰 사람은 아니므로 작은 순서대로 나열하면 도담－아름－들찬－윤슬－벼리이다.

39 사고력 진위 추론하기

| 정답 | ②

| 해설 | 주어진 명제만으로 추론할 수 없다.

| 오답풀이 |

① 첫 번째 명제의 대우에 해당하므로 참이다.

③ 두 번째 명제의 대우에 해당하므로 참이다.

④ 두 번째 명제－세 번째 명제－첫 번째 명제로 이어지므로 참이다.

⑤ 세 번째 명제－첫 번째 명제로 이어지므로 참이다.

40 사고력 조사해야 하는 사람 찾기

| 정답 | ②

| 해설 | A는 자율주행 면허증이 없고 운행 여부를 알 수 없으므로 조사가 필요하다.

D는 자율주행 자동차를 운행한 것이 확실하지만 면허증 여부를 알 수 없으므로 조사가 필요하다.

따라서 조사해야 하는 사람은 A, D이다.

41 사고력 조건을 바탕으로 추론하기

| 정답 | ④

| 해설 | 첫 번째 명제와 세 번째 명제에 따라 '수빈은 축구와 배구를 좋아한다'가 성립한다. 그러나 두 번째 명제는 연결되지 않으므로 수빈이 농구를 좋아하는지 싫어하는지는 알 수 없다.

42 사고력 조건을 바탕으로 추론하기

| 정답 | ③

| 해설 | B, C, F가 뽑은 사탕은 딸기맛, 포도맛, 사과맛 사탕이 각각 한 개씩 있고, A와 D는 같은 맛사탕을 뽑아야 하는데 두 개를 뽑을 수 있는 맛은 딸기맛뿐이므로 A와 D는 딸기맛을 뽑았다. 이에 따라 E는 포도맛을 뽑게 된다.

(ㄱ) E는 포도맛을 뽑아 5점을 얻으므로 10점을 얻지 못했다는 것은 옳다.

(ㄷ) E와 F가 같은 맛의 사탕을 뽑았다면 B와 C는 딸기맛과 사과맛을 뽑은 것이 되므로 두 사람 점수의 합은 11점이다.

(ㄹ) E는 포도맛을 뽑았으므로 1점을 얻을 수 없다.

| 오답풀이 |

(ㄴ) A와 D는 모두 딸기맛을 뽑았으므로 점수의 합은 2점이다.

(ㅁ) C가 뽑은 사탕이 딸기맛이면 F가 뽑은 사탕은 사과맛 또는 포도맛이다.

43 사고력 충전소 설치 동 추론하기

| 정답 | ④

| 해설 | ㉢에 따라 101동에 설치하는 경우와 103동에 설치하는 경우로 나누어 생각하면 다음과 같다.

i) 101동에 설치하는 경우

㉤에 따라 104동에는 충전소를 설치하지 않고, ㉠의 대우에 따라 102동에도 설치하지 않는다. 또한 ㉡의 대우에 따라 105동에는 설치한다. 이를 정리하면 다음과 같다.

구분	101동	102동	103동	104동	105동
설치 여부	○	×	×	×	○

ii) 103동에 설치하는 경우

㉤에 따라 104동에는 충전소를 설치하고, ㉣에 따라 102동에도 충전소를 설치함을 알 수 있다. 또한 105동의 설치 여부는 정확히 알 수 없다. 이를 정리하면 다음과 같다.

구분	101동	102동	103동	104동	105동
설치 여부	×	○	○	○	−

따라서 만약 104동에 충전소를 설치하지 않는다는 조건이 추가되면, i 의 경우만 가능하게 되어 충전소는 101동과 105동에만 설치할 수 있게 된다.

44 사고력 예산 순서 파악하기

| 정답 | ④

| 해설 | 두 번째부터 마지막 조건까지를 정리하면
영업팀 > 마케팅팀 = 생산팀 > 비서팀 = 연구팀, 경리팀이다.
비서팀(= 연구팀)과 경리팀의 예산을 추론하기 위해 숫자를 임의로 대입할 수 있다.
첫 번째 조건에서 마케팅팀 예산은 경리팀 예산의 세 배 이상이라고 했으므로 경리팀 예산을 1로 잡고 마케팅팀 예산을 3으로 하여 정리하면, 경리팀과 비서팀 예산의 합이 마케팅팀의 예산이라고 했으므로 비서팀 예산은 2가 된다.
따라서 예산이 적은 팀부터 순서대로 나열하면 경리팀 − 비서팀 = 연구팀 − 마케팅팀 = 생산팀 − 영업팀이다.

45 문제처리능력 교육과정 이수 날짜 구하기

| 정답 | ①

| 해설 | 각각의 날짜에 수강할 수 있는 교육과정을 표시하면 다음과 같다. 괄호 안의 숫자는 남은 수강 횟수를 의미한다.

20X0년 1월						
일	월	화	수	목	금	토
			1 자(0) 예(1) 직(1)	2 예(0) 직(0)	3 정(1) 커(2)	4
5	6 정(0) 커(1)	7 커(0)	8 문(2)	9 문(1)	10 문(0)	11
12	13 실(4)	14 실(3)	15 실(2)	16 실(1)	17 실(0)	18
19	20	21	22	23	24	25
26	27	28	29	30	31	

따라서 가장 빨리 모든 교육과정을 이수할 수 있는 날은 1월 17일이다.

46 문제처리능력 회의록 파악하기

| 정답 | ③

| 해설 | 회의 내용 4에서 디자인팀은 외부 디자인 업체를 추려 제작을 외주한다고 하였으며 디자인 업체에서 받은 후보 3개 중 하나를 프로젝트 회의 참석자들의 합의하에 결정한다고 하였으므로 (ㄴ)과 (ㄷ)은 적절하게 파악한 내용이다.

| 오답풀이 |

(ㄱ) 회의 내용 3을 보면 '기존 로고의 틀은 유지하면서 새로운 세대 감각과의 조화'가 필요하다고 하였으므로 바르게 파악한 내용으로 볼 수 없다.

(ㄹ) 홍보팀의 참석은 최종 로고를 완성한 뒤이므로 회의 내용을 적절하게 파악한 내용으로 볼 수 없다.

47 문제처리능력 업무분장표 이해하기

| 정답 | ④

| 해설 | 제시된 업무는 '민간자격 NCS 컨설팅 제공'에 해당하므로 장 대리의 내선번호인 8715로 연락하는 것이 가장 적절하다.

48 문제처리능력 처분기준표 적용하기

| 정답 | ④

| 해설 | 장 대리는 비위행위자로서 능동적인 행위로 100만 원 이상 200만 원 미만에 해당하는 금액의 금품 및 향응수수를 2회 하였으므로, 면직 · 파면의 징계를 받는다.

49 문제처리능력 자료 이해하기

| 정답 | ③

| 해설 | 상금은 제세공과금 22%를 제외한 후 지급된다.

| 오답풀이 |

① 공모할 동영상은 '슬기로운 · 유쾌한 ○○고속도로 생활'이 주제이므로 ○○고속도로가 주제이다.

② 심사내용은 내용의 적합성, 콘텐츠 우수성, 콘텐츠 창의성, 콘텐츠 활용성, 영상 플랫폼 조회 수로 총 5개이며 영상 플랫폼 조회 수는 30% 반영된다.

④ 파일형식은 AVI나 MP4여야 하며, 영상 촬영 장비는 스마트폰, 캠코더, 드론 활용 등 제한이 없다.

50 문제처리능력 자료 이해하기

|정답| ②

|해설| 영상의 분량은 40초～2분 59초 이내이므로 40초에 미치지 못하거나 3분 이상이 아닌지를 확인해야 한다.

2회 기출예상문제

문제 54쪽

01	①	02	⑤	03	③	04	④	05	②
06	③	07	④	08	④	09	④	10	⑤
11	⑤	12	⑤	13	①	14	②	15	②
16	③	17	②	18	③	19	④	20	③
21	②	22	④	23	②	24	④	25	④
26	③	27	⑤	28	⑤	29	②	30	①
31	④	32	④	33	④	34	④	35	⑤
36	②	37	②	38	①	39	④	40	①
41	①	42	①	43	②	44	④	45	④
46	②	47	③	48	③	49	②	50	①

01 문서작성능력 단어 알맞게 쓰기

|정답| ①

|해설| (가) '안치다'는 '음식을 만들기 위하여 그 재료를 솥이나 냄비 따위에 넣고 불 위에 올리다'라는 뜻을 나타내며, '앉히다'는 '앉다'의 사동사로 쓰이거나, '문서에 줄거리를 따로 적어 놓다', '버릇을 가르치다'라는 뜻으로 쓰인다. 따라서 '안쳐서'가 들어가야 한다.

(나) '깊숙이'는 '위에서 밑바닥까지, 또는 겉에서 속까지의 거리가 멀고 으슥하게'의 뜻을 가지는 단어로 '깊숙이'가 들어가야 한다.

(다) '알은체'는 '사람을 보고 인사하는 표정을 지음'이란 뜻으로 '알은체'라고 적어야 한다.

(라) '체'는 '그럴듯하게 꾸미는 거짓 태도나 모양'이란 뜻을 지닌 의존명사로 '체'라고 써야 한다.

02 문서이해능력 단어의 의미 파악하기

|정답| ⑤

|해설| 제시된 문장과 ⑤의 '길'의 의미는 '사람이 삶을 살아가거나 사회가 발전해 가는 데에 지향하는 방향, 지침, 목적이나 전문 분야'이다.

| 오답풀이 |

① '어떠한 일을 하는 도중이나 기회'라는 의미로 사용된 '길'이다.

② '사람이나 동물 또는 자동차 따위가 지나갈 수 있게 땅 위에 낸 일정한 너비의 공간'이라는 의미로 사용된 '길'이다.

③ '시간의 흐름에 따라 개인의 삶이나 사회적 · 역사적 발전 따위가 전개되는 과정'이라는 의미로 사용된 '길'이다.

④ '어떤 자격이나 신분으로서 주어진 도리나 임무'라는 의미로 사용된 '길'이다.

03 문서이해능력 단어의 사전적 의미 파악하기

| 정답 | ③

| 해설 | 직무(職務) : 직책이나 직업상에서 책임을 지고 담당하여 맡은 사무

04 문서작성능력 맞춤법에 맞게 쓰기

| 정답 | ④

| 해설 | '묘사되다'는 '어떤 대상이나 사물, 현상 따위가 언어로 서술되거나 그림으로 그려져 표현되다'의 의미를 가진 동사로 '묘사되+어'로 활용될 때는 축약되어 '묘사돼'로 쓸 수 있다.

| 오답풀이 |

① 우주에 존재하는 모든 물체. 항성, 행성, 위성, 혜성, 성단, 성운, 성간 물질, 인공위성 따위를 통틀어 이르는 말을 뜻하는 단어는 '천체'로 써야 한다.

② 황금과 같이 광택이 나는 누런빛을 뜻하는 단어는 '금빛'으로 써야 한다.

③ '산기슭'으로 써야 한다.

⑤ '누웠다'로 써야 한다.

05 문서작성능력 맞춤법에 맞게 쓰기

| 정답 | ②

| 해설 | '-대'는 직접 경험한 사실이 아닌 남이 말한 내용을 간접적으로 전달할 때 쓰이고, '-데'는 직접 경험한 사실을 나중에 보고하듯이 말할 때 쓰인다. 김 사원이 지난주에 결혼했다는 소식을 남에게 듣고 오 팀장에게 전달하는 상황이므로 '했대요'라고 쓰는 것이 적절하다. 따라서 수정할 필요가 없다.

| 오답풀이 |

① '돼야'는 '되어야'의 준말이다.

③ '바라요'는 마음속으로 기대하다는 뜻의 '바라다'에 종결어미 '-아요'가 붙은 말이며, '바래요'는 볕이나 습기를 받아 색이 변하다는 뜻의 '바래다'에 종결어미 '-어요'가 붙은 말이다. 문맥상 '바라요'로 수정하는 것이 적절하다.

④ '금세'는 지금 바로라는 뜻의 '금시에'가 줄어든 말이다.

⑤ 관형사 '몇'이 명사 '시(時)'를 수식하는 구조로 '몇 시'로 띄어 쓴다.

06 문서작성능력 문맥에 맞는 어휘 사용하기

| 정답 | ③

| 해설 | ㉡ '존속되다'는 어떤 대상이 그대로 있거나 어떤 현상이 계속되게 된다는 뜻으로 문맥상 쓰임이 적절하지 않다. 재산이나 영토, 권리 따위가 특정 주체에 붙거나 딸리게 된다는 뜻의 '귀속되다'가 와야 한다.

㉣ 이 원칙은 개인의 선택을 기초로 한다고 하였으므로 '시장 경제'의 운용 원칙이다.

㉥ 금융 기관에 돈을 맡긴다는 의미의 '예치'가 오는 것이 더욱 적절하다.

07 문서이해능력 세부 내용 이해하기

| 정답 | ④

| 해설 | 세 번째 문단에 폴리스의 중심이 되는 도시는 대체로 해안으로부터 멀지 않은 평지에 위치했다고 제시되어 있다.

| 오답풀이 |

①, ② 첫 번째 문단에 제시되어 있다.

③ 두 번째 문단에 제시되어 있다.

⑤ 네 번째 문단에 제시되어 있다.

08 의사표현능력 빈칸에 들어갈 대화 파악하기

| 정답 | ④

| 해설 | B가 키오스크 사용을 선호하는 민원인에 대해 말하고 있었는데 C는 '하지만'으로 대화를 시작하고 있으므로 B와는 반대되는 의견의 말을 해야 한다. 또한 D는 키오스크 이용에 대한 문제점을 말하고 있으며 이와 함께 '게다가'를 사용하여 C의 말에 부연설명하고 있으므로 이를 바탕으로 C의 대화를 추론하면 키오스크의 문제점에 관한 내용인 ④가 가장 적절하다.

09 문서작성능력 문맥에 맞게 문단 배열하기

| 정답 | ④

| 해설 | (나)를 보면 Z세대의 특성을 제시하면서 하이퍼텍스트를 소개하고 있으므로 가장 처음으로 올 수 있다. 그 이후에 하이퍼텍스트의 개념을 설명하는 (가)가 올 수 있으며 그 다음으로는 하이퍼텍스트의 특징을 설명하는 (라)가 온다. 마지막으로 좋은 정보를 선별하고 이를 올바르게 연결하는 개인의 능력이 중요하게 부각된다는 내용의 (다)로 결론을 내리고 있다.

10 문서이해능력 세부 내용 이해하기

| 정답 | ⑤

| 해설 | (라)에서 정보의 시작과 끝이 없으므로 정보의 크기를 무한대로 확장할 수 있다고 하였으므로 확장성이 제한되어 있다는 설명은 적절하지 않다.

| 오답풀이 |

①, ④ 책은 선형적 내러티브의 서사 구조를 갖는 반면 하이퍼텍스트는 비선형적 구조의 텍스트를 말하며 정보에 접근하는 속도가 매우 빠르다고 하였으므로 적절하다.

②, ③ (다)에서 좋은 정보를 선별하고 이를 올바르게 연결하는 개인의 능력이 중요하게 부각될 것이라고 하였으므로 적절하다.

11 문서이해능력 공고문 이해하기

| 정답 | ⑤

| 해설 | '소촌산단 외곽도로 확장공사(2차)'에 따라 이에 편입된 분묘에 대하여 분묘개장을 공고하기 위하여 이 공고문을 게시한 것이다. 따라서 이 공고문을 게시한 이유로 가장 적절한 것은 ⑤이다.

12 문서작성능력 다른 의미로 쓰인 단어 찾기

| 정답 | ⑤

| 해설 | ㉠의 '갈음'은 다른 것으로 바꾸어 대신함의 의미를 가지는 단어이다. ⑤는 신분에 따라 의복이나 가옥, 관직이 나누어지는 것을 뜻한다. 따라서 밑줄 친 부분이 ㉠의 의미와 다른 것은 ⑤이다.

13 문서작성능력 문맥에 맞게 문단 배열하기

| 정답 | ①

| 해설 | 찰스 무어가 쓰레기 섬을 발견할 수 있었던 계기가 제시된 (마)가 글의 시작 부분에 와야 한다. 그리고 찰스 무어가 발견한 섬이 쓰레기 섬이었다는 것이 나타난 (가)가 이어져야 한다. 그 다음으로는 쓰레기 섬을 여행한 찰스 무어와 '태평양 쓰레기 섬'으로 이름이 붙여졌다는 내용인 (다)가 와야 한다. 그 쓰레기 섬이 될 수밖에 없던 이유에 대해 제시한 (나)가 이어진 후 마지막으로 (라)가 이어져야 한다. 따라서 문맥에 맞게 문단을 나열하면 (마)－(가)－(다)－(나)－(라)가 된다.

14 문서작성능력 빈칸에 들어갈 문장 추론하기

| 정답 | ②

| 해설 | 앞에서 뱃사람들은 예로부터 '무풍지대'라고 여기고 기피하였고, 참치나 고래, 상어 등의 대형 바다생물들도 해류가 정체되는 이곳을 꺼렸다고 서술한 점을 통해 ㉠에는 뱃사람들과 대형 바다생물들이 모두 쓰레기 섬이 형성되기 시작한 곳을 예전부터 꺼리고 있었는지에 대한 이유가 들어가는 것이 적절하다. 따라서 '무풍지대'와 대형 바다생물이 그 지역을 기피한 이유에 관한 내용인 ②가 가장 적절하다.

15 문서이해능력 세부 내용 이해하기

| 정답 | ②

| 해설 | 지구온난화로 인한 가뭄 때문에 생활용수 부족 현상이 발생하고 있으며, 해수면 상승으로 인해 투발루인들이 아침 주식으로 먹는 식물이 죽고 있어 그들의 식생활마저 바뀌었다.

16 문서이해능력 중심 내용 이해하기

| 정답 | ③

| 해설 | 기후변화는 과거부터 있던 자연스러운 현상임을 말하는 ③의 내용은 지구온난화와 관련된 자료라고 볼 수 없다.

17 문서이해능력 세부 내용 이해하기

| 정답 | ②

| 해설 |
- 윤 사원 : 기획재정부는 공공기관 공시 데이터의 신뢰성을 제고하기 위해 매년 상 · 하반기 2회에 나누어 점검을 실시한다고 하였다.
- 백 사원 : 최근 3년간 지속적으로 무벌점을 달성한 9개 기관은 차년도 통합공시 점검에서 제외한다고 나와 있다.

| 오답풀이 |
- 하 사원 : 통합공시 점검 시 상반기에는 직원평균보수, 신규채용 및 유연근무현황, 요약 재무상태표 등을 점검하고, 하반기에는 임직원 수, 임직원채용정보, 수입지출 현황, 납세정보 현황 등을 점검한다고 나와 있다.
- 정 사원 : 20X8년 대비 20X9년에 공시오류는 0.8점 감소하였으며, 불성실공시기관은 3개 감소하였다고 나와 있다.
- 손 사원 : 〈연도별 통합공시 점검결과〉 표를 보면 우수공시기관은 20X8년까지 매해 꾸준히 증가하다가 20X9년에 감소하였으며, 불성실공시기관은 감소와 증가를 반복하고 있음을 알 수 있다.

18 문서작성능력 올바른 단어 사용하기

| 정답 | ③

| 해설 | 홈페이지에 그 사실을 올려 여러 사람에게 알리고 두루 보게 하려는 목적이므로 '게시'가 올바른 쓰임이다. '개시'는 행동이나 일 따위를 시작한다는 의미이다.

| 오답풀이 |

① '사면'은 죄를 용서하여 형벌을 면제한다는 의미이고, '면제'는 책임이나 의무 따위를 면하여 준다는 의미이다. 문맥상 '면제'로 고치는 것이 알맞다.

② '수록'은 모아서 기록하거나 그렇게 한 기록을 의미하고, '반영'은 다른 것에 영향을 받아 어떤 현상이 나타남을 의미한다. 문맥상 '반영'으로 고치는 것이 알맞다.

④ '청구'는 남에게 돈이나 물건 따위를 달라고 요구함을 의미하고, '요청'은 필요한 어떤 일이나 행동을 청함을 의미한다. 문맥상 '요청'으로 고치는 것이 알맞다.

⑤ '재고'는 다시 되돌아보다는 의미이고, '제고'는 높이다는 의미이다. 문맥상 '제고'로 고치는 것이 알맞다.

19 기초연산능력 직원 수 구하기

| 정답 | ④

| 해설 | 남자 직원은 50% 충원되었으므로 채용 전 남자 직원은 $8 \div 0.5 = 16$(명)이고, 여자 직원은 40% 충원되었으므로 채용 전 여자 직원은 $12 \div 0.4 = 30$(명)이다. 따라서 A 기업의 신입사원 채용 전 전체 직원 수는 46명이다.

20 기초연산능력 방정식 해결하기

| 정답 | ③

| 해설 | x년 후 남자와 여자의 평균 수명이 같아진다고 하면 다음 식이 성립한다.

$$0.05x^2 + 0.1x + 79.2 = 0.2x + 85.2$$

$$0.05x^2 - 0.1x - 6 = 0$$

$$x^2 - 2x - 120 = 0$$

$$(x-12)(x+10) = 0$$

$$\therefore\ x = 12 (\because x > 0)$$

따라서 12년 후 남자와 여자의 평균 수명이 같아진다.

21 기초통계능력 경우의 수 구하기

| 정답 | ②

| 해설 | 파란 구슬을 꺼내는 경우의 수는 2가지이고, 빨간 구슬을 꺼내는 경우의 수는 3가지이므로 총 경우의 수는 2×3=6(가지)이다.

22 기초연산능력 제품의 이익 계산하기

| 정답 | ④

| 해설 | 제품의 원가를 x원이라고 하면, 이익이 30%일 때 정가가 5,200원이므로 다음과 같은 식이 성립한다.

$x(1+0.3)=5,200$

$x=5,200\div1.3=4,000$(원)

정가에서 10% 할인한 가격은 5,200×(1−0.1)=4,680(원)이므로 이때의 이익은 4,680−4,000=680(원)이다.

23 기초연산능력 인원 수 계산하기

| 정답 | ②

| 해설 | 전체 직원 500명 중 계약직은 35%, 그중 20대는 60%이므로 500×0.35×0.6=105(명)이다.

24 기초연산능력 비율 계산하기

| 정답 | ④

| 해설 | 기존 정규직 500×0.65=325(명)에서 100명이 늘었고, 전체 직원은 600명이 되었으므로 신규채용 후의 전체 직원 중 정규직이 차지하는 비율은 $\frac{425}{600}=\frac{17}{24}$이다.

25 기초연산능력 학생 요금을 지불한 인원 구하기

| 정답 | ④

| 해설 | 10월의 첫째 주 수요일이 k일이면 수요일의 날짜를 모두 더한 값은 $k+(k+7)+(k+14)+(k+21)=4k+42=58$, $k=4$이다. 즉 4, 11, 18, 25일은 수요일이므로 19일은 목요일이다. 따라서 평일 요금을 기준으로 성인 요금을 낸 사람을 x명, 학생 요금을 낸 사람을 y명으로 두면 다음과 같이 정리할 수 있다.

$x+y=7$

$5,000x+4,000y=30,000$

$5x+4y=30$

$\therefore\ x=2,\ y=5$

따라서 학생 요금을 지불하고 입장한 사람은 5명이다.

26 기초연산능력 이동 시간 계산하기

| 정답 | ③

| 해설 | (A가 30분 동안 이동한 거리)=(B가 10분 동안 이동한 거리)이므로 B의 속력은 A 속력의 3배이다. A의 속력을 xm/min, B의 속력을 $3x$m/min이라 하면 평균 속력은 $2x$m/min, 이동거리는 $30x$m이므로 돌아오는 데 걸린 시간은 $\frac{30x}{2x}=15$(분)이다.

27 도표분석능력 그래프 해석하기

| 정답 | ⑤

| 해설 | 20X0년, 20X1년의 상품군별 매출액을 계산하면 다음과 같다.

(단위 : 억 원)

구분	20X0년	20X1년	20X0년 대비 20X1년 매출액 증감
의류	77×0.25 =19.25	94×0.23 =21.62	2.37
식품	77×0.22 =16.94	94×0.27 =25.38	8.44
가전	77×0.24 =18.48	94×0.23 =21.62	3.14
여행	77×0.26 =20.02	94×0.23 =21.62	1.6
기타	77×0.03 =2.31	94×0.04 =3.76	1.45

따라서 20X0년 대비 20X1년 매출액의 변화폭이 가장 큰 것은 식품군이다.

28 기초연산능력 증가율 계산하기

| 정답 | ⑤

| 해설 | 20X1년 환율은 달러당 $1,000 \times 1.05 = 1,050$(원)이므로 20X2년에는 전년 대비 $\frac{1,100-1,050}{1,050} \times 100 ≒ 4.8$(%) 상승하였다.

29 도표분석능력 자료의 수치 분석하기

| 정답 | ②

| 해설 | ㄷ. 프랑스의 인구가 6,500만 명이라면 사망자는 $65,000,000 \times \frac{9}{1,000} = 585,000$(명)이다.

| 오답풀이 |

ㄱ. 유럽 5개 국가에 대한 자료만 제시되어 있으므로 유럽에서 기대수명이 가장 낮은 국가가 그리스인지는 알 수 없다.

ㄴ. 독일은 영국보다 인구 만 명당 의사 수가 많지만 조사망률이 더 높다.

30 기초연산능력 최댓값 구하기

| 정답 | ①

| 해설 | [조건 4]에 따르면 개발팀 사원은 어떠한 동아리에도 가입하지 않아도 되고, 모든 동아리에 가입할 수도 있다. 만약 [조건 3]의 탁구부에 가입한 12명의 사원이 등산부에도 모두 가입되어 있다고 가정할 때 어떠한 동아리에도 가입하지 않은 사원의 수는 최대가 된다. 이때 개발팀 사원은 모두 25명이고 동아리에 가입한 사람은 총 13명이므로 어떠한 동아리에도 가입하지 않은 사원의 수는 12명이 된다.

31 도표분석능력 자료의 수치 분석하기

| 정답 | ④

| 해설 | 각 기관별 전체 채용인원을 구하면 다음과 같다.

(단위 : 명)

구분	신입직		경력직		합계
	사무직	기술직	사무직	기술직	
A 기관	92	80	45	70	287
B 기관	77	124	131	166	498
C 기관	236	360	26	107	729
D 기관	302	529	89	73	993
E 기관	168	91	69	84	412

따라서 D 기관 전체 채용인원에서 경력직 채용인원의 비중은 $\frac{89+73}{993} \times 100 ≒ 16.3$(%)로 10%를 초과한다.

| 오답풀이 |

① B 기관 전체 채용인원은 498명으로 E 기관 전체 채용인원인 412명보다 $498-412=86$(명) 많다.

② 각 기관별 전체 채용인원에서 사무직 채용인원의 비중은 다음과 같다.

- A 기관 : $\frac{92+45}{287} \times 100 ≒ 47.7$(%)
- B 기관 : $\frac{77+131}{498} \times 100 ≒ 41.8$(%)
- C 기관 : $\frac{236+26}{729} \times 100 ≒ 35.9$(%)
- D 기관 : $\frac{302+89}{993} \times 100 ≒ 39.4$(%)
- E 기관 : $\frac{168+69}{412} \times 100 ≒ 57.5$(%)

따라서 E 기관이 가장 높다.

③ 5개 공공기관의 전체 채용인원 $287+498+729+993+412=2,919$(명)에서 C 기관 채용인원의 비중은 $\frac{729}{2,919} \times 100 ≒ 25$(%)이다.

⑤ 각 기관별 전체 채용인원에서 신입직 채용인원의 비중은 다음과 같다.

- A 기관 : $\frac{92+80}{287} \times 100 ≒ 59.9$(%)
- B 기관 : $\frac{77+124}{498} \times 100 ≒ 40.4$(%)
- C 기관 : $\frac{236+360}{729} \times 100 ≒ 81.8$(%)
- D 기관 : $\frac{302+529}{993} \times 100 ≒ 83.7$(%)

• E 기관 : $\frac{168+91}{412} \times 100 \fallingdotseq 62.9(\%)$

따라서 50% 미만인 공공기관은 B 기관뿐이다.

32 도표분석능력 비용 계산하기

| 정답 | ④

| 해설 | 공장별 연간 생산비용을 구하면 다음과 같다.

• A 공장
{(250×1,400)+(350×1,300)+(300×1,300)+(75×1,600)}×3=3,945,000(원)

• B 공장
(250+350+300+75)×1,400×3=4,095,000(원)

• C 공장
{(250×1,400)+(350×1,200)+(300×1,200)+(75×4,000)}×3=4,290,000(원)

• D 공장
{(250×1,500)+(350×1,000)+(300×1,000)+(75×1,800)}×3=3,480,000(원)

• E 공장
{(250×1,400)+(350×1,100)+(300×1,100)+(75×1,900)}×3=3,622,500(원)

따라서 D 공장이 선정된다.

33 도표분석능력 자료를 바탕으로 수치 계산하기

| 정답 | ④

| 해설 | 2학년 여자의 수는 380−104−91−89=96(명)이므로 여자 저학년 학생 수는 104+96=200(명), 남자 고학년 학생 수는 79+80=159(명)이다. 따라서 여자 저학년 학생 수는 남자 고학년 학생 수에 비해 $\frac{200-159}{159} \times 100 \fallingdotseq 26(\%)$ 많다.

34 도표분석능력 자료의 수치 분석하기

| 정답 | ④

| 해설 | 학년별 수영 수업을 듣는 학생 수를 구하면 다음과 같다.

• 1학년 : (127+104)×0.2≒46(명)
• 2학년 : (104+96)×0.15=30(명)
• 3학년 : (79+91)×0.4=68(명)
• 4학년 : (80+89)×0.1≒17(명)

따라서 수영 수업을 듣는 학생 수가 가장 많은 학년은 3학년이다.

| 오답풀이 |

①, ② 연도별 학생 수가 제시되어 있지 않으므로 알 수 없다.

③ 4학년 중 골프 수업을 듣는 학생 수는 (80+89)×0.2≒34(명)이다.

⑤ 3학년과 4학년의 경우 여학생 수가 남학생 수보다 많다.

35 도표분석능력 그래프 해석하기

| 정답 | ⑤

| 해설 | 근로자 평균 연령의 변화폭은 42−38.5=3.5(년), 근속연수의 변화폭은 6.5−6=0.5(년)으로 근로자 평균 연령의 변화폭이 더 크다.

| 오답풀이 |

① 근로자 평균 연령은 2016년에 0.1년 감소하였지만 대체로 높아지고 있는 추세이다.

② 2020년이 6.5년으로 근로자 평균 근속연수가 가장 길었다.

③ 2013년 대비 2020년의 근로자 평균 연령은 42−39.6=2.4(년) 증가하였다.

④ 조사 기간 중 근로자 평균 연령이 감소한 해는 2016년뿐이다.

36 사고력 단어 관계 유추하기

| 정답 | ②

| 해설 | 닭을 먹여 기르는 양계(養鷄)와 돼지를 먹여 기르는 양돈(養豚)은 모두 가축이나 짐승을 먹여 기르는 사육(飼育)이라는 동일 범주에 속한다. 따라서 화장품 범주에 속하는 립스틱과 매니큐어가 빈칸에 알맞다.

37 사고력 단어 관계 유추하기

| 정답 | ②

| 해설 | 경복궁은 문화재에 포함되고, 회화 기법 중 하나인 데칼코마니는 미술에 포함된다.

38 사고력 정보를 바탕으로 추론하기

| 정답 | ①

| 해설 | 세 명의 나이가 모두 다르며 나래보다 미르의 나이가 더 많다. 나래는 사진작가보다 수입이 많은데, 프로그래머는 수입이 가장 적으므로 나래는 프로그래머가 아니며 나이가 가장 어리지도 않다. 따라서 나래는 프로그래머와 사진작가가 아니므로 엔지니어이다. 이를 바탕으로 정리하면 해안이 가장 나이가 어리며 직업은 프로그래머이고 미르의 직업은 사진작가가 된다.

39 사고력 항상 옳은 것 찾기

| 정답 | ④

| 해설 | 한 팀에 같은 장르를 하는 사람이 들어갈 수 없으므로 각각 장르별로 인원수만큼 팀이 나누어진다. 댄스스포츠를 하는 2명은 2개의 팀에, 한국무용을 하는 4명은 4개의 팀에 속하게 되는데 전체 팀은 5개이므로 한국무용을 하는 인원이 없는 다른 1팀에 댄스스포츠를 하는 인원이 있을 수 있다.

40 사고력 진위 추론하기

| 정답 | ①

| 해설 | 갑의 진술 중 갑이 찬성한 것이 진실, 을이 기권한 것이 거짓이라면, 을의 진술에서 을이 기권한 것이 거짓, 병이 찬성한 것이 진실이 된다. 병의 진술에서 병이 기권한 것은 거짓이 되는데 을이 기권한 것이 진실이 되면 앞의 진술들과 모순이 된다. 따라서 갑, 을, 병의 진술에서 을이 기권한 것이 진실이 되고 다른 진술은 거짓이 된다. 정과 무의 진술에서는 다음의 두 가지 경우가 발생한다.

1) 무가 반대한 것이 진실인 경우

정이 찬성한 것은 거짓이고, 갑이 반대한 것도 거짓이 된다. 이 경우, 갑은 찬성도, 반대도 하지 않고 기권을 했을 것이라 추론할 수 있다.

2) 무가 반대한 것이 거짓인 경우

정은 찬성하였고, 갑은 반대한 것이 진실이다. 이 경우, 갑은 찬성하지 않고 반대를 한 것이라 추론할 수 있다.

| 오답풀이 |

④ 정은 찬성하지 않을 수도 있고, 찬성할 수도 있기 때문에 반드시 진실이라고 단정지을 수 없다.

41 사고력 참 · 거짓 추론하기

| 정답 | ①

| 해설 | 2개 이상의 동호회 활동을 할 수 없으므로 마라톤부원과 산악회 부원, 축구부원 수의 총합은 13명이다. 또한 제시된 정보로부터 각 동호회의 활동 인원수는 축구부 > 마라톤부 > 산악회 순으로 많으며, 활동 인원수가 각각 모두 다름을 알 수 있다. 이 조건을 만족하는 경우의 수는 축구부, 마라톤부, 산악회 순으로 (10, 2, 1), (9, 3, 1), (8, 4, 1), (8, 3, 2), (7, 5, 1), (7, 4, 2), (6, 5, 2), (6, 4, 3) 총 8가지이다.

A. 마라톤부원이 4명이라면 축구부원은 8명일 수도, 7명일 수도, 6명일 수도 있다.

| 오답풀이 |

B. 산악회 부원이 3명이라면 축구부원은 반드시 6명이다.

C. 축구부원이 9명이라면 산악회 부원은 반드시 1명이다.

42 사고력 위치 배치하기

| 정답 | ①

| 해설 | 학생처를 두 번째에 배치하면 교무처와의 사이에 두 팀이 배치되므로 교무처는 다섯 번째에 배치된다. 교무처와 연구처는 연이어 배치되는데 연구처가 네 번째에 배치될 경우 사무국과 입학본부가 연이어 있지 못하므로 연구처는 여섯 번째 자리에 배치된다. 따라서 최종 배치는 순서대로 다음과 같다.

기획협력처 – 학생처 – 사무국(입학본부) – 입학본부(사무국) – 교무처 – 연구처

43 사고력 조건을 바탕으로 추론하기

| 정답 | ②

| 해설 | 1, 3～6번째 진술을 표로 정리하면 다음과 같다.

첫 번째 방	두 번째 방	세 번째 방	네 번째 방
	C	B	
	~~종로~~	잠실	송파

두 번째 진술에서 B는 D의 옆방에 있다고 했으므로 B와 D는 세 번째 방, 네 번째 방 중 각각 한 곳에 살고 있음을 알 수 있다. 그런데 B는 세 번째 방에 살고 있지 않으므로 D가 세 번째 방, B는 네 번째 방에 살고 있다.

첫 번째 방	두 번째 방	세 번째 방	네 번째 방
A	C	D	B
	~~종로~~	잠실	송파

이에 따라 A는 종로, C는 왕십리에 집을 뒀음을 알 수 있다. 정리하면 다음과 같다.

첫 번째 방	두 번째 방	세 번째 방	네 번째 방
A	C	D	B
종로	왕십리	잠실	송파

따라서 왕십리에 집을 둔 학생은 C이다.

| 오답풀이 |

① D는 세 번째 방을 사용하고 있다.

③ A는 첫 번째 방을 사용하고 있다.

④ A～D는 순서대로 각각 종로, 송파, 왕십리, 잠실에 집을 두고 있다.

⑤ B는 네 번째 방을 사용하고 있다.

44 사고력 배정받은 팀 추론하기

| 정답 | ④

| 해설 | 제시된 조건은 모두 거짓이므로 각 신입사원이 배정받은 팀이 아닌 곳을 표에 정리하면 다음과 같다.

구분	영업팀	홍보팀	재무팀	개발팀	설계팀
김정식			×		
김병연	×	×			×
허초희		×			×
백기행	×		×	×	×
정지용	×		×		

따라서 배정받은 팀을 정확하게 알 수 있는 신입사원은 백기행이다.

45 사고력 조건을 바탕으로 추론하기

| 정답 | ④

| 해설 | 네 번째 조건에 따라 B, C는 1, 3, 5등이 가능하고 D는 2, 4등이 가능하다. 세 번째 조건에 따라 E와 C의 등수는 연속해야 하므로 E는 2, 4등이 가능하고 두 번째 조건에 따라 A와 D의 등수는 연속해야 하므로 A는 1, 3, 5등이 가능함을 알 수 있다. 정리하면 A, B, C 중 1, 3, 5등이 있고 D, E 중 2, 4등이 있다.

그런데 첫 번째 조건에 따라 D는 E보다 등수가 높아야 하므로 D가 2등, E가 4등이 되며, B는 E보다 등수가 높으므로 5등이 될 수 없다. 또한 D가 2등이므로 두 번째 조건에 따라 A도 5등이 될 수 없다. 따라서 C가 5등이 된다.

따라서 가능한 달리기 등수는 A－D－B－E－C 혹은 B－D－A－E－C로, E는 어떠한 경우에도 4등이 된다.

46 문제처리능력 조건에 맞는 장소 고르기

| 정답 | ②

| 해설 | 각 구분에 따른 점수를 산출하면 다음과 같다.

구분	이동거리	수용 가능인원	대관료	평점	빔 프로젝터 사용가능 여부	총점
A	4	2	4	2	1	13
B	3	3	5	3	1	15
C	5	1	2	4	1	13
D	1	5	3	3	0	12
E	2	4	1	5	0	12

따라서 가장 높은 점수를 받은 B를 대여하게 된다.

47 문제처리능력 조건에 맞게 회의 날짜 확정하기

| 정답 | ③

| 해설 | 회의시간은 월요일 혹은 금요일 오전으로 하고 3시간이 소요되므로 점심시간인 12시 전에 3시간의 시간이

비는 날짜를 찾으면 된다. 가능한 날은 3월 9일, 3월 16일의 두 가지이다. 선택지는 3월 16일만 제시되어 있으므로 정답은 ③이 된다.

48 문제처리능력 자료 이해하기

| 정답 | ③

| 해설 | 스마트오더가 가능한 시간은 07시부터 22시까지이므로 22시 30분에는 이용할 수 없다.

49 문제처리능력 자료 이해하기

| 정답 | ②

| 해설 | 직장가입자의 피부양자 대상에 형제 · 자매(배우자의 직계비속, 형제 · 자매는 미혼이어야 부양 인정되고, 이혼 · 사별한 경우에는 미혼으로 간주함)가 포함됨에 따라 직장가입자 H 씨의 이혼한 처남도 H 씨의 피부양자가 될 수 있다.

50 문제처리능력 자료 이해하기

| 정답 | ①

| 해설 | (가) 선거에 의하여 취임하는 공무원은 그 임기가 개시된 날 직장가입자의 자격취득이 변동한다. 이에 따라 피부양자의 자격변동도 5월 1일이다.

(나) 10월 10일에 21일 일용직 계약을 하고 다시 10월 25일에 2개월의 추가 근로 계약을 맺었으므로 최초 사역일(최초 근로일)로부터 1개월이 초과한 날인 11월 11일이 직장가입자의 자격취득일이다. 따라서 피부양자 자격취득 변동일은 11월 11일이다.

(다) 3월 1일에 새로운 법인으로 등록되어 3월 1일부로 사업장을 신고한 경우이므로 사업장 적용신고일인 3월 1일에 피부양자 자격변동이 일어난다.

3회 기출예상문제

문제 88쪽

01	④	02	③	03	②	04	④	05	②
06	⑤	07	⑤	08	④	09	①	10	②
11	②	12	④	13	②	14	④	15	③
16	③	17	④	18	①	19	④	20	④
21	②	22	④	23	②	24	①	25	①
26	④	27	④	28	④	29	⑤	30	④
31	①	32	④	33	②	34	③	35	②
36	②	37	④	38	④	39	①	40	②
41	⑤	42	④	43	④	44	①	45	④
46	②	47	②	48	③	49	①	50	⑤

01 문서작성능력 보고서 작성하기

| 정답 | ④

| 해설 | 보고서를 작성할 때 주의해야 할 사항은 다음과 같다.

- 확실한 근거를 충분히 제시하여 전하고자 하는 결론을 명확히 해야 한다.
- 자신이 말하고자 하는 바를 중심으로 다양한 사람이나 조직의 의견을 반영해 방향을 확실히 잡아야 한다.
- 내용의 앞과 뒤가 서로 바뀌지 않도록 흐름에 맞는 내용 배치를 해야 한다.
- 보고서의 근본적인 내용과 보고서로 하여금 얻고자 하는 결과물이 무엇인지 명확히 드러내야 한다.
- 이미지를 첨가해 이해를 도울 수는 있지만 텍스트를 주로 활용해 명확한 메시지를 전달해야 한다.
- 기본적인 글쓰기의 원칙과 규정 또는 양식을 지켜 써야 하며 불필요한 전문용어의 남발이나 과도하게 긴 문장의 사용 등을 삼가야 한다.

따라서 ④는 보고서 작성 시 주의해야 할 사항으로 적절하지 않다.

02 경청능력 올바른 경청 방법 이해하기

| 정답 | ③

| 해설 | 올바른 경청의 자세는 다음과 같다.

- 상대방을 정면으로 마주한 채로 앉고 손이나 다리를 꼬지 않는 개방적 자세를 취한다.
- 상대방을 향하여 상체를 기울여 다가앉아 열심히 듣고 있다는 사실을 강조한다.
- 우호적인 눈의 접촉, 편한 표현의 맞장구 등의 비언어적 표현을 사용해 이야기에 집중하고 있다는 표현을 한다.
- 상대방의 말 도중에 끼어들어 조언을 하지 않고 혼자서 대화를 독점하지 않는다.
- 상대방의 이야기를 가로막지 않으며 의견이 다르더라도 일단 수용한다.

따라서 상대방의 말을 듣고 있음과 동시에 자신이 할 말을 생각하기에 바빠 상대방의 말에 집중하지 않는 것은 경청을 방해하는 나쁜 습관에 해당된다.

03 문서작성능력 비즈니스 이메일 작성하기

| 정답 | ②

| 해설 | 제목은 핵심을 드러내며 간결하게 작성하는 것이 좋다. 따라서 옳지 않은 설명은 ㄱ으로 1개이다.

보충 플러스+

비즈니스 이메일 작성 방법

- 메일의 제목은 핵심을 담아 간결하게 작성한다. 강조해야 하는 메일일 경우, 제목 머리에 [중요], [요청], [긴급] 등을 붙여 빠르게 확인할 수 있게끔 한다.
- 본문을 작성할 때는 상대방이 중요한 내용을 파악할 수 있게끔 핵심 위주로 작성한다.
- 메일을 발송하기 전에는 발신인, 수신인, 참조, 첨부파일이 제대로 설정되어 있는지 마지막으로 반드시 확인한다.
- 업무로 상호 간 이메일이 오고갔다 하더라도 시작과 끝 부분에 감사 인사를 넣는 것이 바람직하다.

04 의사표현능력 설득력 있는 의사표현 지침 알기

| 정답 | ④

| 해설 | No보다는 Yes를 유도하여 미리 설득 분위기를 조성하는 것이 좋다.

05 의사표현능력 성공적인 프레젠테이션하기

| 정답 | ②

| 해설 | 내용이 지나치게 디테일하면 지루하기 쉬우며, 프레젠테이션 내용에 어느 정도 궁금증을 가지고 끝이 나게 하면 더 오래 기억에 남게 할 수 있다.

06 문서이해능력 공문서 결재하기

| 정답 | ⑤

| 해설 | (가)는 결재권자가 특정한 사유로 인해 부재하여 그 직무를 대신하는 자가 결재를 하고 있으며, 이러한 결재 방식을 '대결'이라고 한다. (나)는 최고 결재권자로부터 결재권한을 위임받은 자가 자신의 책임 아래 최종적으로 의사 결정을 하고 있으며, 이러한 결재 방식을 '전결'이라고 한다.

07 문서이해능력 문서 종류 파악하기

| 정답 | ⑤

| 해설 | 아이디어를 내고 기획한 하나의 프로젝트를 문서 형태로 만들어 상대방에게 전달하고 시행하도록 설득하는 문서는 기획서이다.

| 오답풀이 |

① 기안서에 대한 설명이다.

② 보도자료에 대한 설명이다.

③ 자기소개서에 대한 설명이다.

④ 비즈니스 레터에 대한 설명이다.

08 의사표현능력 글로비쉬 이해하기

| 정답 | ④

| 해설 | 글로비쉬(Globish)는 전 세계 사람 누구나 쓸 수 있는 간편하고 쉬운 영어를 가리키는 말로, 원어민이 아닌 사람이 어색한 억양으로 불완전하게 영어를 사용해도 기본적인

의사소통에는 문제가 없고 오히려 보다 효율적인 대화가 가능하다고 하였다. 글로비쉬는 영어가 모국어가 아닌 전 세계 사람들이 사용하는 말이므로, 만약 부정형으로 질문 시 본래 사용하던 언어권에 따라 그 논리가 다르게 해석될 수 있다. 따라서 이러한 혼란을 피하기 위해 부정형의 질문은 피하는 것이 좋다.

09 문서이해능력 관련 있는 사자성어 파악하기

| 정답 | ①

| 해설 | 직원 채용 시 가장 중요한 평가 포인트는 '성실'이며, 이러한 인성적인 부분을 가꾸기 위해서는 오랜 시간 가꾸고 정성을 쏟아야 그 결실이 나온다고 하였다. 이와 관련된 사자성어는 우공이산(愚公移山)으로, 쉬지 않고 끝까지 노력하면 언젠가는 목적을 이룰 수 있음을 의미한다.

| 오답풀이 |

② 칠전팔기(七顚八起) : 여러 번 실패해도 포기하지 않고 꾸준히 노력한다는 뜻으로 강한 정신력을 나타내는 말

③ 괄목상대(刮目相對) : 상대방의 학식이나 재주가 갑자기 몰라볼 정도로 나아졌음을 이르는 말

④ 교학상장(敎學相長) : 가르치는 일과 배우는 일이 모두 자신의 학업을 성장시킴.

⑤ 청출어람(靑出於藍) : 제자가 스승보다 더 나음을 비유하는 말

10 문서작성능력 글의 흐름에 맞게 빈칸 채우기

| 정답 | ②

| 해설 | 공사는 대내 · 외 이해관계자에 대한 갑질 요인을 진단하고 갑질 관행을 근절하기 위한 대책을 수립하여 청렴문화를 확산하고 있다. 따라서 (A)에는 '탈갑질 문화 정착'이 들어가는 것이 적절하다.

11 도표작성능력 도표 작성 절차 파악하기

| 정답 | ②

| 해설 | 도표를 작성하는 순서는 사용할 도표 정하기(c) → 가로축, 세로축 내용 정하기(a) → 가로축, 세로축 크기 정하기(d) → 자료 표시하기(b) → 표시된 점에 따라 도표 작성하기(e) → 도표의 제목 및 단위 표시하기(f)이다.

12 기초연산능력 빈칸에 들어갈 연산기호 파악하기

| 정답 | ④

| 해설 | 〈규칙〉을 보면 A◎B는 A부터 연속한 B개의 숫자의 합이다. 따라서 5◎5=5+6+7+8+9=35, 6◎3=6+7+8=21이며 식을 정리하면 다음과 같다.

35□(3□2)□7□21=28

① $35-(3\times2)\div7+21=35-6\div7+21\neq28$

② $35\div(3-2)\times7+21=35\div1\times7+21\neq28$

③ $35-(3\div2)+7\times21\neq28$

④ $35\div(3+2)\times7-21=49-21=28$

⑤ $35-(3+2)\div7\times21\neq28$

따라서 ④가 적절하다.

13 기초연산능력 조건을 만족하는 득표 수 찾기

| 정답 | ②

| 해설 | • 한 후보작품이 최소 득표 수로 선정되는 경우

: 각각 46표, 1표, 0표, 0표, 0표를 받는다면 1표를 받은 작품이 2등으로 선정된다.

• 어떠한 경우라도 반드시 선정되는 경우

: 1, 2등이 각각 16표를 받는다면 남은 15표를 3등이 다 가져가도 선정되지 못한다.

14 기초통계능력 경우의 수 구하기

| 정답 | ④

| 해설 | 먼저 첫 번째 조건을 통해 앞의 세 자리 숫자를 구하면 $\frac{7!}{3!}=7\times6\times5\times4=840$이므로, 비밀번호는 '840XX'가 된다. 두 번째, 세 번째 조건을 보면 나머지 두 자리에 들어갈 숫자는 각각 서로 다른 한 자리의 소수이고, '40X'는 3의 배수가 되어야 하므로 십의 자리에는 2나 5가 들어가야 한다.

십의 자리에 2가 들어갈 경우 일의 자리에는 남은 한 자리 소수인 3, 5, 7 중 하나가 들어가고, 십의 자리에 5가 들어갈 경우 일의 자리에는 2, 3, 7 중 하나가 들어간다. 따라서 최대 3+3=6(번)의 시도만에 탕비실 도어락을 열 수 있다.

15 기초연산능력 유한집합의 원소 개수 구하기

| 정답 | ③

| 해설 | n(농구)=32, n(축구)=41, n(농구∩축구)=28이므로 어느 경기도 관람하지 않겠다고 답한 직원의 수는 다음과 같이 구할 수 있다.

56−n(농구∪축구)

=56−{n(농구)+n(축구)−n(농구∩축구)}

=56−(32+41−28)=11

따라서 어느 경기도 관람하지 않겠다고 답한 직원은 11명이다.

16 기초연산능력 대칭수 이해하기

| 정답 | ③

| 해설 | 일단 10 이상 100 미만의 자연수들 중 대칭수에 해당하는 것은 첫 번째 자리와 두 번째 자리의 숫자가 서로 같은 수로 11, 22, 33, 44, 55, 66, 77, 88, 99 9개이다. 이어 100 이상 200 미만의 자연수들 중 대칭수에 해당하는 것은 첫 번째 자리와 세 번째 자리의 숫자가 서로 같은 수로 101, 111, 121, 131, 141, 151, 161, 171, 181, 191로 10개이다. 같은 방식으로 200 이상 300 미만의 자연수에 대해서도 계산할 수 있으므로, 10 이상 1,000 미만의 자연수에서 대칭수에 해당하는 수는 총 9+(10×9)=99(개)이다.

17 도표분석능력 자료의 수치 분석하기

| 정답 | ④

| 해설 | 20X7년 아파트에 거주하는 가구의 비중은 $\frac{9,671}{19,674}\times 100 \fallingdotseq 49.2(\%)$로 50% 미만이다.

18 기초연산능력 교집합 파악하기

| 정답 | ①

| 해설 | 두 동아리를 모두 가입하지 않은 학생의 수가 6, 7, 8명일 경우, 동아리에 가입한 최대 학생의 수가 14명, 13명, 12명이 되어 축구 동아리에 15명이 가입할 수 없게 된다. 따라서 두 동아리를 모두 가입하지 않은 학생의 수가 4명일 경우와 5명일 경우를 나누어 계산해 본다.

- 두 동아리를 모두 가입하지 않은 학생의 수가 4명일 경우
  : 두 동아리 중 한 곳이라도 가입한 학생의 수는 20−4=16(명)으로, 두 동아리에 모두 가입한 학생의 수는 15+12−16=11(명)이다.
- 두 동아리를 모두 가입하지 않은 학생의 수가 5명일 경우
  : 두 동아리 중 한 곳이라도 가입한 학생의 수는 20−5=15(명)으로, 두 동아리에 모두 가입한 학생의 수는 15+12−15=12(명)이다.

따라서 A는 11, B는 12이므로 B−A는 1이다.

19 기초통계능력 경우의 수 구하기

| 정답 | ④

| 해설 | △△기업 합창 동호회에서 가능한 합창의 구성은 다음과 같다.

- 여성 2부 합창 : 2×2=4(가지) → (B, A), (B, C), (E, A), (E, C)
- 여성 3부 합창 : 1×1×2=2(가지) → (E, B, A), (E, B, C)
- 남성 2부 합창 : 1×1=1(가지) → (D, F)
- 혼성 3부 합창 : 2×3×1=6(가지) → (B, A, F), (B, C, F), (B, D, F), (E, A, F), (E, C, F), (E, D, F)

따라서 가능한 합창의 구성은 4+2+1+6=13(가지)이다.

20 기초연산능력 사용량 계산하기

| 정답 | ④

| 해설 | ㄴ. 경기도에 위치한 □□아파트에 사는 김나라 씨의 12월 도시가스 요금은 {850+(2,412×16.22)}×1.1=43,969.904이므로, 최종 요금은 43,000(원)이다.

ㄷ. 광주에서 단독주택에 사는 나대한 씨의 12월 도시가스 요금이 70,000원이고, 취사용과 난방용의 사용량이 동일하다고 하였으므로 다음과 같이 식을 세울 수 있다.
$\{750+(15.83\times 2x)\}\times 1.1 \fallingdotseq 70,000$(원)
$\therefore x \fallingdotseq 1,986.3\cdots$
따라서 취사용으로 1,900MJ 이상 사용하였다.

| 오답풀이 |

ㄱ. 서울에 위치한 ○○회사의 12월 도시가스 요금을 계산하면 $(1,700\times 16.20)\times 1.1=30,294$(원)이므로, 최종 요금은 30,000(원)이다.

21 사고력 명제 판단하기

| 정답 | ②

| 해설 | 세 번째 명제에 따라 병은 합격하지 못했다. 명제가 참일 때, 명제의 대우도 참이므로, 첫 번째 명제의 대우 '병이 합격하지 못했다면 갑도 합격하지 못했다'는 참이다. 따라서 갑은 합격하지 못했다. 갑이 합격하지 못했기 때문에 두 번째 명제에 따라 을 또는 병이 합격하는데, 병은 합격하지 못했으므로 을이 합격하였다. 또한 네 번째 명제의 대우가 '을이 합격했다면 정도 합격했다'이므로 정은 합격했으며, '정이 합격했다면 무도 합격했다'는 다섯 번째 명제의 역으로 반드시 참이라고 할 수 없기 때문에 무의 합격 여부는 주어진 내용만으로 알 수 없다.
따라서 반드시 합격한 사람은 을과 정이다.

22 사고력 참 · 거짓 파악하기

| 정답 | ④

| 해설 | 지유의 가족들 중에는 근시가 아닌 사람이 한 명도 없다고 했으므로 모두 근시이다. 따라서 지유의 아버지는 근시이다.

| 오답풀이 |

① 민영이의 어머니가 근시인지 근시가 아닌지는 알 수 없다.
② 진화의 가족들 중에는 근시가 없다고 했으므로, 진화의 어머니는 근시가 아니다.
③ 가은이의 남동생은 근시일 수도 있다.
⑤ 지유의 언니도 근시이다.

23 사고력 조건에 맞는 팀 고르기

| 정답 | ②

| 해설 | A와 B가 가위바위보를 하여 팀 구성원을 골랐으므로 A와 B는 서로 다른 팀인 것을 알 수 있다. 또한 C가 있는 팀에는 D 혹은 F가 반드시 있어야 한다고 했으므로 D, F가 한 팀이 될 수는 없다. 따라서 같은 팀의 구성원으로 가능한 것은 A, C, D이다.

24 문제해결능력 문제해결의 필수요소 파악하기

| 정답 | ①

| 해설 | 〈자료 1〉을 보면, 조직이 직원들의 문제해결능력 스킬 향상을 위해 투자를 하고 있다고 언급하고 있으므로 '체계적인 교육훈련'에 해당한다.

25 문제처리능력 MECE 이해하기

| 정답 | ①

| 해설 | MECE는 전체를 여러 개의 묶음으로 나누어 파악하는 사고 기법이므로 ①은 적절하지 않다.

| 오답풀이 |

② 미혼과 기혼으로 나누었다.
③ 직장인과 학생으로 나누었다.
④ 해외시장과 내수시장으로 나누었다.
⑤ 남학생과 여학생으로 나누었다.

26 사고력 창의적 사고 이해하기

| 정답 | ④

| 해설 | 창의적 사고는 유용하고 적절하며 가치가 있어야

한다. 따라서 단지 아이디어를 내는 것보다는 얼마나 경제성이나 효율성이 있는지 분석해 보는 자세도 필요하다.

보충 플러스+

창의적 사고의 의미

1. 창의적 사고는 발산적(확산적) 사고로서, 아이디어가 많고 다양하고 독특한 것을 의미한다.
2. 창의적 사고는 새롭고 유용한 아이디어를 생산해 내는 정신적인 과정이다.
3. 창의적 사고는 통상적인 것이 아니라 기발하거나 신기하며 독창적인 것이다.
4. 창의적 사고는 유용하고 적절하며 가치가 있어야 한다.
5. 창의적 사고는 기존의 정보(지식, 상상, 개념 등)들을 특정한 요구조건에 맞거나 유용하도록 새롭게 조합시킨 것이다.

27 문제해결능력 문제해결방법 이해하기

| 정답 | ④

| 해설 | ①, ③ 소프트 어프로치에 대한 설명이다.

②, ⑤ 퍼실리테이션에 대한 설명이다.

28 사고력 직장인의 필요 능력 알기

| 정답 | ④

| 해설 | 다른 사람을 설득하는 과정에서 거부당할 경우, 상대의 논리를 구조화하는 것이 필요하다. 상대의 논리에서 약점을 찾고, 자신의 생각을 재구축한다면 상대를 설득할 수 있다.

29 사고력 브레인스토밍 이해하기

| 정답 | ⑤

| 해설 | 브레인스토밍은 회의나 토론에서 짧은 시간 동안 많은 아이디어를 효과적으로 도출하는 도구로, 아이디어를 자유롭게 쏟아내는 방식이다.

30 사고력 논리오류 파악하기

| 정답 | ④

| 해설 | 증명할 수 없음을 주장의 근거로 내세우는 '무지에 호소하는 오류'이다.

| 오답풀이 |

① 모든 문제를 양극단으로만 구분하여 추론할 때 생기는 '흑백 논리의 오류'이다.

② 전체가 참인 것을 부분에 대해서도 참이라고 단정하여 발생하는 '분할의 오류'이다.

③ 자신의 주장에 반론 가능성이 있는 요소를 나쁜 것으로 단정함으로써 상대방의 반론을 원천적으로 봉쇄하는 '원천 봉쇄의 오류'이다.

⑤ 많은 사람의 선호나 인기를 이용하여 자신의 주장을 정당화하려는 '대중에 호소하는 오류'이다.

31 자원관리능력 자원관리의 기본 과정 이해하기

| 정답 | ①

| 해설 | 자원관리의 기본 과정은 4단계로 나눠지는데 그중 '일반적으로 시간, 예산, 물적자원, 인적자원을 계획한 양보다 여유 있게 확보'하는 일의 시행은 '이용 가능한 자원 수집'의 단계에서 이루어진다.

| 오답풀이 |

② '계획에 따른 수행'은 네 번째 단계로 계획에 맞게 업무를 수행해야 하는 단계이다.

④ '자원 활용 계획 수립'은 세 번째 단계로 필요한 자원을 확보하고 그 자원을 실제 필요한 업무에 할당하여 계획을 세우는 단계이다.

⑤ '필요한 자원 종류와 양 파악'은 첫 번째 단계로 업무를 추진하는 데 있어서 어떤 자원이 필요하며, 또 얼마나 필요한지를 확인하는 단계이다.

32 예산관리능력 직접비용과 간접비용 파악하기

| 정답 | ④

| 해설 | 간접비용은 과제를 수행하기 위해 소비된 비용 중에서 직접비용을 제외한 비용이다. 이는 생산에 직접적인

관련이 없는 비용이며 보험료, 건물관리비, 광고비, 통신비, 사무비품비 등을 예로 들 수 있다. 재료비, 시설비, 인건비, 장비비용 등은 직접비용에 해당한다.

33 인적자원관리능력 효과적인 인적자원관리 방법 알기

| 정답 | ②

| 해설 | 기업 인적자원관리는 근로자 스스로가 자기만족을 얻게 하는 동시에 경영 목적을 효율적으로 달성하게 하는 등 사용자와 근로자 간에 협력 체계가 이루어지도록 관리하는 것을 말한다. 인사관리의 원칙으로 적재적소 배치의 원리, 공정보상의 원리, 공정인사의 원칙, 종업원 안정의 원칙, 창의력 계발의 원칙, 단결의 원칙이 있다. 하지만 ②는 '근로자의 인권을 존중하고 공헌도에 따라 노동의 대가를 공정하게 지급해야 한다'는 공정보상의 원리에 어긋난다. 노조의 활동이 회사 발전에 부응하게 하는 것은 노조의 활동과 회사의 이익이 어긋난다면 노조의 활동을 제약할 수 있기 때문에 근로자의 인권존중에 반대된다.

34 예산관리능력 예산의 성격 이해하기

| 정답 | ③

| 해설 | 예산의 사전적인 의미는 '필요한 비용을 미리 헤아려 계산함 또는 그 비용'이다. 예산은 그 자체가 조직이 추구하는 방향을 보여 준다. 예산을 편성하기 위해서는 이전 예산의 수립과 사용 과정, 효과 등을 면밀히 평가하고 판단해야 한다. 또한 예산의 주기와 예산 편성 시 투자와 비용을 각 부문별로 얼마나 할당해야 하는지에 대한 이해도 필요하다. 따라서 예산은 ㉠ 정리가 아니라 ㉡ 기획이라 할 수 있다.

35 시간관리능력 최단 경로 찾기

| 정답 | ②

| 해설 | 각 선택지의 경로를 계산하면 다음과 같다.

- A → F : 6+14=20(km)
- B → E : 5+13=18(km)
- C → D : 7+15=22(km)
- A → E : 6+13=19(km)
- B → D : 5+15=20(km)

따라서 가장 짧은 경로는 B → E이다.

36 자원관리능력 자원낭비의 요인 파악하기

| 정답 | ②

| 해설 | 일회용품의 잦은 사용, 할 일 미루기, 약속 불이행 등과 같은 행동은 자원을 활용하는 데 자신의 편리함을 최우선적으로 추구하여 나타나는 자원낭비 현상이다.

37 시간관리능력 효과적인 시간계획 수립하기

| 정답 | ④

| 해설 | 효과적인 시간계획이란 시간이라는 자원을 최대한 활용하기 위하여 가장 많이 반복되는 일에 가장 많은 시간을 분배하고 최단시간에 최선의 목표를 달성할 수 있도록 계획하는 것을 의미한다. 효과적인 시간계획의 순서로는 첫째, 한정된 시간을 효율적으로 활용하기 위해서 명확한 목표가 필요하다. 둘째, 일이 가진 중요성과 긴급성을 바탕으로 일의 우선순위를 결정한다. 셋째, 우선순위가 결정되었다면 각각의 일에 소요되는 예상 시간을 설정해야 한다. 마지막으로 앞서 도출된 해야 할 일의 우선순위와 소요시간을 바탕으로 시간 계획서를 작성해야 한다.

따라서 ㉡-㉣-㉠-㉢ 순이 가장 적절하다.

38 시간관리능력 효과적인 시간관리 방법

| 정답 | ④

| 해설 | ADM(Arrow Diagramming Method)이란 AOA(Activity on Arrow)라고도 하며 활동을 화살 위에 표현하고 화살과 화살을 노드로 연결하는 방식이다.

| 오답풀이 |

① GTD(Getting Things Done) : 스트레스 제로의 생산성, 스트레스 제로의 일처리 관리기법이라고도 하며 데이비드 알렌이 저술한 같은 이름의 책 제목에서 유래한 시간 관리 개념이다. 당장 할 수 있는 일부터 처리해 나가는 바텀업(Bottom-Up)방식이다.

③ PDM(Precedence Diagramming Method) : ADM과 달리 노드가 단순 접점이 아닌 Activity가 되고, 화살선(Arrow)은 FS(Finish-to-Start), SS(Start-to- Start), FF(Finish-to-Finish), SF(Start-to-Finish) 네 가지의 연관관계를 이용해서 각 Activity를 연결하는 방식이다. Activity와 선후행관계를 통해 공정표의 전체 일정을 계산할 수 있다.

39 인적자원관리능력 인사관리의 변천사 이해하기

| 정답 | ①

| 해설 | 노무관리에서 인적관리로 진행된 인사관리의 변천사의 특징을 표로 정리하면 다음과 같다.

노무관리		인사관리		인적자원관리
노동력을 생산수단(도구)으로 활용		가부장적 인사관리 온정적 인사관리		조직, 개인, 이해관계자의 목표 동시충족
• 비용적 관점에서 노무관리에 초점 • 생산수단으로서의 의미 • 경제인적 관점	➔	• 조직 내 인간의 욕구와 가치에 대한 인식 • 개인적 요소에 대한 배려 • 사회인적 관점	➔	• 핵심인재의 확보 • 종업원 능력 개발과 활용 • 공정한 평가와 보상연계 및 기업전략과의 연계 강화

따라서 '인적자원의 개발과 활용 강조'는 인적자원관리의 특징이다.

40 물적자원관리능력 재화의 특징 이해하기

| 정답 | ②

| 해설 | 제시된 글의 재화는 공유자원을 의미한다. 공유자원이란 소유권이 특정 개인에게 있지 않고 사회 전체에 속하는 자원을 말한다. 수자원과 같은 공유자원은 누군가 사용하면 다른 사람들은 사용할 수 없게 되어 경합성은 지니고 있으나 대가를 지불하지 않은 다른 사람들의 사용을 배제할 수는 없으므로 배제성은 지니고 있지 않다.

41 체제이해능력 조직구조의 유형 이해하기

| 정답 | ⑤

| 해설 | 매트릭스 조직은 대규모 조직보다 자원이 풍부하지 않은 소규모 조직에서 구성원을 효율적으로 사용하기 위한 조직구조이다. 이 조직구조는 제품혁신과 기술적 전문성 확보를 목표로 한다. 많은 종류의 제품을 생산하는 대규모 조직에서는 사업별 조직의 형태가 효율적이다.

42 체제이해능력 조직유형 분류기준 파악하기

| 정답 | ④

| 해설 | 블라우와 스콧의 조직유형은 수혜자가 누구인가에 따라 조직을 조직원의 수익을 중시하는 호혜조직, 소유주의 수익을 중시하는 사업조직, 일반 대중의 이익을 중시하는 공익조직, 고객의 수익을 중시하는 봉사조직으로 분류한다.

43 조직이해능력 조직변화의 저항 이유 파악하기

| 정답 | ④

| 해설 | 회사 직원들은 탄력 근무제를 밤이든 주말이든 상사가 요구할 때면 언제든 일을 하는 제도라고 착각하고 있다. 문제에서 제시된 조직변화에 대한 저항은 회사 직원들이 탄력 근무제라는 변화의 정보를 자신들이 가지고 있다고 생각하는 오해에서 비롯된 것이다.

44 경영이해능력 경영 실패 이유 분석하기

| 정답 | ①

| 해설 | 대증요법이란 어떤 문제의 원인을 찾아 없애기보다는 나타나는 증상에 대응하여 처치를 하는 방식이다. A 기업은 일의 효율을 떨어뜨리는 원인을 찾아 없애기보다는 나타나는 증상에 대한 대응을 위주로 하였음을 알 수 있다.

45 업무이해능력 워커홀릭 이해하기

| 정답 | ④

| 해설 | 업무가 성공리에 이루어질 때 동기부여를 받는 것은 모든 직장인에게 해당되는 것이다. 따라서 정 대리를 워커홀릭으로 보는 것은 적절하지 않다.

46 경영이해능력 회사 종류 이해하기

| 정답 | ②

| 해설 | 사회적 기업은 비영리조직과 영리기업의 중간 형태로, 사회적 목적을 추구하면서 영업활동을 수행하는 기업이다. A, B 회사는 발달장애인과 노숙인이라는 취약계층에게 사회서비스 또는 일자리를 제공하여 지역주민의 삶의 질을 높이는 등의 사회적 목적을 추구하면서 재화 및 서비스의 생산과 판매 등의 영업활동도 수행하고 있다.

| 오답풀이 |

① 주주자본주의는 주주를 경영의 초점으로 두는 미국식 자본주의로, 경영의 중심을 주주 가치 극대화에 둔다.

③ 공정무역은 생산자의 노동에 정당한 대가를 지불하면서 소비자에게는 좀 더 좋은 제품을 공급하는 윤리적인 무역이다.

④ 민간협동조합은 경제적 · 사회적으로 어려운 사람들이 뜻을 모아 자신들의 지위향상과 권익 옹호를 위해 만든 경제조직이다.

⑤ 이해관계자 자본주의는 고객 · 노조 · 거래기업 · 채권자 · 정부 · 사회일반에 이르기까지 이해관계자(Stake holder) 모두에게 신경을 쓰는 독일 · 일본식 자본주의를 말한다. 이는 주주에 대한 배려보다는 기업에 소속된 모든 종사자와 공존공영을 경영목표로 한다.

47 체제이해능력 조직문화 이해하기

| 정답 | ②

| 해설 | 구성원의 책임과 업무 프로세스가 분명하고, 효율적 조직 관리를 최우선으로 여기는 조직문화는 위계형 조직문화이다.

| 오답풀이 |

① 수평적 조직문화는 직급이나 영향력과 상관없이 조직원 모두 동등한 존중을 받는 문화이다.

③ 혁신형 조직구조는 조직 구성원들의 새로운 시도를 장려한다.

④ 시장형 조직문화는 과업 지향적인 조직문화로 회사 구성원 간 경쟁을 장려하고 평가도 성과 중심으로 이루어진다.

⑤ 공동체형 조직구조는 구성원 간 친밀감과 팀워크를 강조한다.

48 업무이해능력 애비스 콤플렉스 이해하기

| 정답 | ③

| 해설 | 제시된 글에서 애비스 콤플렉스란 불필요한 완벽주의에 따른 사람들의 실수라는 것을 설명하고 있다. 따라서 불필요한 완벽주의는 실제 업무를 수행함에 있어 도움은 커녕 위협이 될 것임을 알 수 있다.

49 업무이해능력 사업 이해하기

| 정답 | ①

| 해설 | ㉠에는 '동반성장 생태계'가 들어가야 한다.

50 경영이해능력 경영 지침 이해하기

| 정답 | ⑤

| 해설 | ESG는 'Environment', 'Social', 'Governance'의 머리글자를 딴 단어로 기업 활동에 친환경, 사회적 책임 경영, 지배구조 개선 등 투명 경영을 고려해야 지속 가능한 발전을 할 수 있다는 철학을 담고 있다. ESG는 개별 기업을 넘어 자본시장과 한 국가의 성패를 가를 키워드로 부상하고 있다. 따라서 (A)에 들어갈 경영 지침으로는 ESG 경영이 적절하다.

4회 기출예상문제

문제 118쪽

01	③	02	①	03	②	04	④	05	⑤
06	④	07	②	08	⑤	09	②	10	③
11	②	12	②	13	⑤	14	①	15	④
16	③	17	③	18	①	19	④	20	①
21	②	22	④	23	④	24	⑤	25	④
26	②	27	④	28	③	29	③	30	④
31	①	32	④	33	③	34	①	35	④
36	④	37	③	38	③	39	②	40	④
41	③	42	②	43	③	44	②	45	①
46	②	47	④	48	①	49	③	50	③

01 시간관리능력 효과적인 시간관리 방법 알기

| 정답 | ③

| 해설 | 이 팀장은 김 대리에게 일찍 일어나서 하루의 일정을 정리하고 생활리듬 속에서 일정을 꾸준히 관리하는 방법에 대해 소개하고 있다. 따라서 ③이 가장 적절하다.

02 시간관리능력 시간관리 방법 이해하기

| 정답 | ①

| 해설 | 김 과장은 잘못 걸린 전화에 끝까지 대화를 하거나, 이메일에 필요 없는 내용을 작성하거나, 이미 끝난 프로젝트에 관한 작업을 하는 등 불필요한 일에 시간을 소비하고 있다는 것을 알 수 있다. 따라서 김 과장에게는 불필요하게 낭비되는 시간을 줄여야 한다는 조언을 하는 것이 적절하다.

03 물적자원관리능력 ERP 프로그램 이해하기

| 정답 | ②

| 해설 | ERP(전사적 자원관리)는 인사, 재무, 생산 등 기업의 전 부문에 걸쳐 독립적으로 운영되던 각종 관리시스템의 경영자원을 하나의 통합 시스템으로 재구축함으로써 생산성을 극대화하는 경영혁신기법을 의미한다. ERP 기법은 구축 후에는 비용을 절감할 수 있다는 장점이 있지만 초기 도입 시 구축하는 비용이 많이 든다는 단점이 있다.

보충 플러스+

전사적 자원관리(ERP ; Enterprise Resource Planning)

- 기업 내 생산, 물류, 재무, 회계, 영업, 구매, 재고 등 경영활동을 통합적으로 관리하는 프로그램으로, 기업에서 발생하는 정보를 통합적으로 실시간 공유할 수 있는 전사적 통합 시스템이다.
- 기업의 원활한 재고관리를 위하여 제안된 MRP에서 시작되어 생산관리부문의 MRP II를 거쳐 회계나 인사 등 조직이나 기업 간의 모든 업무영역을 대상으로 하는 시스템으로 발전했다.
- 재고를 줄이고 업무수행 사이클을 단축시키며, 비용을 절감함으로써 기업이나 조직의 전반적인 운영 향상을 목적으로 한다.
- 시간적, 공간적 한계를 초월하여 실시간으로 어느 곳에서든지 즉각적인 소통이 가능하다.

04 인적자원관리능력 조직의 수명주기 이해하기

| 정답 | ④

| 해설 | 조직의 라이프사이클(수명주기) 중 성숙기에서는 조직의 성장단계가 고점에 이르면서 성장속도가 둔화되고 조직구조가 경직되기 시작한다. 따라서 조직의 성숙기에서는 배치전환과 이직을 통해 인적자원의 유동성을 확보하고 안정적인 사업기반을 바탕으로 새로운 사업을 계획하는 것이 적절하다.

| 오답풀이 |

①, ⑤ 조직이 쇠퇴하여 조직 인력을 해체하는 쇠퇴기에 해당한다.

② 조직이 급성장하여 인적 자원의 양적 수요와 질적 수요가 모두 급증하는 성장기에 해당한다.

③ 창업 초기 조직의 성장력을 만들기 위해 전문화된 인력을 중점적으로 영입하는 도입기에 해당한다.

05 시간관리능력 최소 시간 계산하기

| 정답 | ⑤

| 해설 | 2시간에 생산할 수 있는 120개의 부품 중 불량품이

아닌 부품의 개수는 120×0.8=96(개)이다. 부품을 생산하는 데 총 25,600÷96×2≒533.33(시간), 즉 534시간이 소요된다. 두 번째 조건에 따라 하루에 가능한 자동생산라인 가동시간은 최대 6시간이므로 계약한 부품 생산에 최소 534÷6=89(일)이 필요하다.

06 예산관리능력 관세금액 계산하기

| 정답 | ④

| 해설 | • A 사원의 관세금액은 다음과 같다.

120×0.07+120×0.12+80×0.09+12×0.13+13×0.08
=8.4+14.4+7.2+1.56+1.04=32.6(만 원)

즉, 326,000원이다.

• B 대리의 관세금액은 다음과 같다.

200×0.08+100×0.08+90×0.09+40×0.11+30×0.10
=16+8+8.1+4.4+3=39.5(만 원)

즉, 395,000원이다.

07 물적자원관리능력 공급원칙에 따라 제품 생산하기

| 정답 | ②

| 해설 | 공장은 개당 생산비가 저렴한 순서대로 가동되므로 8번부터 역순으로 제품을 생산한다.

㉠ 다음 날인 수요일의 예측 수요량은 160개이므로 〈공급원칙〉에 따라 화요일에는 8번부터 6번 공장까지 가동되어 각각 100개, 40개, 20개씩 총 160개를 생산한다. 따라서 화요일 제품 X의 시장 가격은 가동되는 공장 중 생산비가 가장 비싼 6번 공장의 생산비인 개당 100원이다.

㉡ 목요일의 다음 날인 금요일의 예측 수요량은 한 주에서 가장 많은 220개이므로 목요일에는 8번부터 3번 공장까지 가동되어 총 230개를 생산한다. 따라서 목요일에 가동되지 않는 공장은 1번, 2번 공장으로 총 2개이다.

㉢ 다음 날인 일요일의 예측 수요량은 160개이므로 토요일에는 8번부터 6번 공장까지 가동된다. 이때 제품 X의 개당 시장가격은 이 중 생산비가 가장 비싼 6번 공장의 생산비인 100원이므로 6번 공장에 의해 발생하는 제품 X의 순이익은 0원이다.

| 오답풀이 |

㉣ 제품 순이익의 최댓값은 곧 한 주에서 가장 많은 생산량을 기록할 때와 직결된다. 따라서 목요일에 220개를 생산하면 제품 X의 시장 가격은 3번 공장의 생산비인 개당 160원이므로 7번 공장의 생산비인 개당 80원을 기준으로 기대할 수 있는 순이익의 최댓값은 160−80=80(원)이다.

08 예산관리능력 직접비 파악하기

| 정답 | ⑤

| 해설 | 제시된 항목에서 직접비는 인건비, 출장비, PC 구입비, 건물임대료이다. 따라서 인건비는 1,200−150−500−200=350(만 원)이다.

09 예산관리능력 가용예산 활용하기

| 정답 | ②

| 해설 | 현재 확보한 예산 50억 원으로는 주민들이 가장 원하는 수영장을 지을 수 없다.

| 오답풀이 |

①, ③, ⑤ 문체부 권고 기준을 충족하려면 야구장 한 개, 풋살장 한 개, 수영장 한 개를 더 지어야 한다. 이에 따라 필요한 비용은 30+20+60=110(억 원)이므로, 예비비 예산 적용 시 건축 가능하다.

10 예산관리능력 지불해야 할 비용 계산하기

| 정답 | ③

| 해설 | 각각의 팀마다 받게 되는 왕만두를 계산하면 다음과 같다.

• 경영기획팀 : 필요한 왕만두는 최소 16개이므로, 2상자를 전달한다.

• 경영지원팀 : 필요한 왕만두는 최소 20개이므로, 3상자를 전달한다.

- 인사기획팀 : 필요한 왕만두는 최소 12개이므로, 2상자를 전달한다.
- IR팀 : 필요한 왕만두는 최소 10개이므로, 2상자를 전달한다.
- 회계팀 : 필요한 왕만두는 최소 22개이므로, 3상자를 전달한다.
- 홍보팀 : 필요한 왕만두는 최소 10개이므로, 2상자를 전달한다.
- 재무팀 : 필요한 왕만두는 최소 16개이므로, 2상자를 전달한다.
- 구매팀 : 필요한 왕만두는 최소 10개이므로, 2상자를 전달한다.
- 총무팀 : 필요한 왕만두는 최소 12개이므로, 2상자를 전달한다.
- 영업1팀 : 필요한 왕만두는 최소 20개이므로, 3상자를 전달한다.
- 법무팀 : 필요한 왕만두는 최소 14개이므로, 2상자를 전달한다.
- 영업2팀 : 필요한 왕만두는 최소 24개이므로, 3상자를 전달한다.

따라서 필요한 왕만두는 총 28상자이다. 20상자를 사면 한 상자를 덤으로 준다고 했으므로, 계산해야 할 왕만두는 총 27상자이다. 따라서 5,000×27=135,000(원)이다.

11 문서작성능력 문서작성 시 주의사항 이해하기

| 정답 | ②

| 해설 | 문서를 작성할 때에는 주요한 내용이 담겨져 있는 결론 부분을 먼저 쓰도록 한다.

보충 플러스+

직장 내 문서작성의 원칙
- 문장은 짧고 간결하게 작성한다.
- 상대방이 이해하기 쉽게 작성한다.
- 불필요한 한자의 사용은 배제한다.
- 간결체로 작성한다.
- 긍정문으로 작성한다.
- 간단한 표제를 붙인다.
- 문서의 주요한 내용을 먼저 쓰도록 한다.

12 문서이해능력 스놉 효과 이해하기

| 정답 | ②

| 해설 | 스놉 효과는 고급스러운 제품이 시장에 처음 나왔을 때 그 제품을 신속하게 구매하는 형식으로 나타난다고 했다. 따라서 신제품이기만 하면 잘 팔리는 것이 아니라 고급스러운 신제품이어야만 잘 팔리는 것을 알 수 있다.

13 문서이해능력 글의 내용 적용하기

| 정답 | ⑤

| 해설 | 유명 연예인을 모델로 사용한다면 상품의 대중성이 올라가 다수의 새로운 고객이 유입될 가능성이 커진다. 따라서 스놉 효과를 활용한 마케팅 전략으로 적절하지 않다.

14 문서작성능력 보고서의 구성 요소 파악하기

| 정답 | ①

| 해설 | 제시된 논리 구성에 따르면 시작 부분에는 '왜 이 사업을 하는가?(왜 보고를 하는가?)', '왜 이런 과제가 주어졌을까?'에 대한 내용이 들어가야 한다. 따라서 이와 관련된 구성항목으로는 '제목, 개요, 추진 배경'이 적절하다.

| 오답풀이 |

㉡ 중간 부분에는 현황, 문제점과 원인, 해결방안이 들어갈 수 있다.

㉢ 마무리 부분에는 기대효과, 조치 사항이 들어갈 수 있다.

15 문서작성능력 적절한 소제목 찾기

| 정답 | ④

| 해설 | ㉠ 자신의 과거를 돌아보고 흐름을 보지 못하면 진정 본인이 가지고 있는 강점을 발견하기가 쉽지 않다는 내용이므로, '자기 강점 찾기'가 적절하다.

㉡ 가상현실 속에서 자신을 이미징하기 위해 나를 표현할 수 있는 콘텐츠를 가공 생산하는 공장이 필요하고 이러

한 공장에서 생산된 콘텐츠를 널리 유통시키기 위해 채널이 필요하다는 내용이므로, '이미징하기'가 적절하다.

㉢ 나만의 콘텐츠를 가상현실에서 가공해서 생산하고 퍼트리는 작업을 통해 가상현실 속에서 본인의 컬러를 만들어 가는 작업이 반드시 필요하다는 내용이므로, '스토리 콘텐츠 개발하기'가 적절하다.

㉣ 네트워크 효과는 쉽게 말하면 흔히 우리가 알고 있는 복리 효과와 동일하다는 내용이므로, '네트워크 효과 활용하기'가 적절하다.

16 경청능력 경청 후 반응의 규칙 이해하기

| 정답 | ③

| 해설 | 상대방의 말에 반응을 하는 데는 세 가지 규칙이 있다. 피드백의 효과를 극대화시키려면 즉각적이고, 정직하며, 지지하는 자세로 대해야 한다는 것이다. 즉각적인 것은 피드백의 효과는 시간이 흐를수록 영향이 줄어들기 때문에 상대방의 말을 이해하자마자 피드백을 주어야 한다는 것이다. 정직함은 상대방에게 잘못됐다고 생각한 점까지 솔직하게 말할 수 있어야 한다는 것이다. 지지함은 정직함을 갖추되 상대방에게 상처 줄 정도로 잔인해서는 안된다는 것이다. 따라서 ㉠ 즉각적, ㉡ 정직함, ㉢ 지지함이 적절하다.

17 문서이해능력 글을 읽고 추론하기

| 정답 | ③

| 해설 | 맹그로브 나무가 살기 어려워지는 이유는 지구온난화로 해수면이 높아지기 때문이라고 했으므로 사막화는 적절한 추론이 아니다.

| 오답풀이 |

① 맹그로브 나무는 멸종위기종의 서식지가 된다고 했으므로 적절하다.

② 태풍이 왔을 때 바람을 막아 주는 역할을 한다고 했으므로 적절하다.

④ 물고기의 산란장소, 은신처가 되어 준다고 했으므로 적절하다.

⑤ 맹그로브 나무는 소나무에 비해 3배 정도 높은 이산화탄소 흡수량을 가지고 있다고 했으므로 적절하다.

18 문서이해능력 세부내용 이해하기

| 정답 | ①

| 해설 | 네 번째 항목을 통해 알 수 있는 내용이다.

| 오답풀이 |

② 내장형 동물등록이 의무인 것이 아니라 주택·준주택에서 기르거나, 반려 목적으로 기르는 월령 2개월 이상의 개에 대한 동물등록이 의무이며, 외장 인식표 사용이 금지된 것도 아니다.

③ P시 소재 800여 개 동물병원 중 600여 개 동물병원이 참여하고 있으므로, 어디든 가까운 곳으로 가면 되는 것은 아니다.

④ 펫숍에서 반려견을 구매(입양)할 경우 판매업소가 동물등록을 신청해야 한다.

⑤ P시 시민이 기르는 반려견이 지원대상이다.

19 문서작성능력 글을 작성할 시 고려할 사항 추론하기

| 정답 | ④

| 해설 | 정부의 감축 계획은 언급하고 있지만, 구체적인 규제 방법에 대해서는 제시하고 있지 않다.

| 오답풀이 |

① NOAA의 기후현황보고서, 기상청 자료 등을 통해 지구온난화가 심화되고 있다는 주장의 근거 내용을 제시하고 있다.

② '무엇이 있을까?'와 같은 질문을 던져 주의를 환기시키고 있다.

③ 글의 앞 부분에 제시되어 있다.

⑤ 유엔기후변화협약, 교토의정서, 파리협약 등에 대해 소개하고 있다.

20 문서이해능력 회의 자료로 사용하기

| 정답 | ①

| 해설 | 제시된 글의 중심이 되는 소재는 지구온난화와 온실가스 배출 감소 등의 대책 마련이다. 따라서 화력발전량의 일정비율을 신재생에너지로 공급하는 기관에서 회의 자료로 사용하기에 가장 적절하다.

21 문제해결능력 탐색형 문제 이해하기

| 정답 | ②

| 해설 | 신규 사업 창출은 미래에 대응하는 경영 전략 문제인 설정형 문제에 해당한다. 설정형 문제는 '앞으로 어떻게 할 것인가'에 대한 문제로, 기존과 관계없이 미래지향적인 새 과제와 목표를 설정함에 따라 발생하는 문제이다.

22 문제처리능력 대응 방안 마련하기

| 정답 | ④

| 해설 | ㄱ. 만성피로에 지쳤다는 유사한 상황에 처한 소비자들로서 조건을 만족한다.

ㄴ. 다른 소비자들과 차이를 가지는 집단에 해당한다.

| 오답풀이 |

ㄷ. 모든 시장을 상대할 수 없으므로 모든 고객의 원하는 바를 충족시키려는 방안은 적절하지 않다.

23 사고력 논리적 오류 찾아내기

| 정답 | ④

| 해설 | 원천봉쇄의 오류는 어떤 특정 주장에 대한 반론이 일어날 수 있는 유일한 원천을 비판하면서 반박 자체를 막아 자신의 주장을 옹호하고자 하는 논리적 오류이다. 제시된 예시들에서는 공통적으로 이와 같은 논리적 오류를 범하고 있음을 알 수 있다.

| 오답풀이 |

① 무지에 호소하는 오류는 전제가 지금까지 거짓으로 증명되어 있지 않은 것을 근거로 참임을 주장하거나, 전제가 참으로 증명되어 있지 않은 것을 근거로 거짓임을 주장하는 오류이다.

② 애매성의 오류는 논증에 사용된 개념이 둘 이상으로 해석될 수 있을 때 상황에 맞지 않게 해석하여 생기는 오류이다.

③ 허수아비 공격의 오류는 상대방의 본래 논리를 반박하기 쉬운 다른 논점으로 변형, 왜곡하여 비약된 반론을 하는 오류이다.

⑤ 인신공격의 오류는 주장하는 논리와는 관계없이 상대방의 인품, 과거의 행적 등을 트집 잡아 인격을 손상하면서 주장이 틀렸다고 비판하는 오류이다.

24 문제처리능력 목적에 부합한 주의사항 공지하기

| 정답 | ⑤

| 해설 | 관리소장의 목적은 승강기 안전사고와 관련하여 주의사항을 공지해 입주민들의 행동을 촉구하는 것이다. 따라서 ⑤의 내용 조직이 가장 목적에 부합한다.

25 문제처리능력 회의시간 정하기

| 정답 | ④

| 해설 | 서울 기준으로 오후 12시 ~ 오후 1시일 경우 각 지사의 시간은 다음과 같다.

- 호주 : 오후 12시 ~ 오후 1시(서머타임 적용)
- 마드리드 : 오전 10시 ~ 오전 11시
- 마닐라 : 오후 3시 ~ 오후 4시
- 두바이 : 오후 5시 ~ 오후 6시(서머타임 적용)

따라서 모든 지사에서 회의를 진행할 수 있다.

| 오답풀이 |

① 마드리드의 현지 시간은 오전 7시 ~ 오전 8시로 업무시간이 아니다.

② 마드리드의 현지 시간은 오전 8시 ~ 오전 9시로 업무시간이 아니다.

③ 서울과 호주 지사의 점심시간과 겹친다.

⑤ 마드리드 지사의 점심시간과 겹친다.

26 문제처리능력 당번을 맡을 사람 추론하기

| 정답 | ②

| 해설 | 먼저 11월 1일부터 11월 5일까지는 김 부장이 당번을 맡는다. 11월 8일부터 11월 12일까지는 박 과장이 당번을 맡는다. 11월 15일부터 11월 19일까지는 이 과장이 당번을 맡아야 하는데, 휴가예정일이 두 주에 걸쳐 있으므로 다다음 당번인 김 부장과 순서를 바꿔 김 부장이 당번을 맡는다. 11월 22일부터 11월 26일까지는 최 대리가 당번을 맡고, 11월 29일부터 12월 3일까지는 김 부장과 순서를 바꾼 이 과장이 당번을 맡게 된다.

27 문제처리능력 적절한 답변 추론하기

| 정답 | ④

| 해설 | 제기된 의문 사항은 왜 투명 페트병을 다른 플라스틱과 분리하여 배출해야 하는가이다. '폐플라스틱을 회수하면 판매자가 이를 재사용하여 제품의 가격을 낮출 수 있다'라는 것은 투명 페트병을 분리해야 하는 이유가 아닌, 일반 폐플라스틱을 분리수거하는 이유에 해당하므로 의문 사항의 답변으로 적절하지 않다.

28 문제처리능력 출장비 계산하기

| 정답 | ③

| 해설 | 각 직원의 출장비는 다음과 같다.

- 갑 대리

  숙박비 : 90,000×2=180,000(원)

  식비 : 50,000+100,000+50,000=200,000(원)

  교통비 : 70,000원

  총 180,000+200,000+70,000=450,000(원)

- 을 대리

  숙박비 : 70,000×3=210,000(원)

  식비 : 60,000+120,000+50,000+50,000=280,000(원)

  교통비 : 100,000원

  총 210,000+280,000+100,000=590,000(원)

- 병 차장

  숙박비 : 80,000원

  식비 : 100,000+120,000=220,000(원)

  교통비 : 130,000원

  총 80,000+220,000+130,000=430,000(원)

따라서 기획팀에 지급해야 할 출장비는 총 450,000+590,000+430,000=1,470,000(원)이다.

29 문제처리능력 관리규정 적용하기

| 정답 | ③

| 해설 | 폐기보류로 구분된 기록물은 제17조 제4항에 의해 5년마다 보존가치를 재평가한다.

| 오답풀이 |

① 기록물의 보존기한은 제16조 제2항에 의해 기록물분류기준표를 기준으로 처리부서의 장이 기록물질단위로 정한다.

② 기록물의 폐기 방법에 대하여는 제시되어 있지 않다.

④ 제17조 제3항에서 보존기간이 경과된 문서는 처리부서의 장이 기록물평가심의서를 작성하여 기록물관리부서의 장에게 제출하도록 하고 있다.

⑤ 제16조 제3항에서 보존기간의 기산일은 해당 기록물의 처리가 완결된 날이 속하는 다음 연도의 1월 1일로 하며, 기록물의 처리가 여러 해에 걸쳐서 진행된 경우 해당 과제가 종결된 날이 속하는 다음 연도의 1월 1일을 기산일로 한다고 규정하고 있다. 즉 상반기에 완료된 사업 관련 문서는 그 다음 해 1월 1일로 그 보존기간이 책정된다.

30 문제처리능력 기록물의 보존기간 파악하기

| 정답 | ④

| 해설 | 영구의 7. 항목에 해당하므로 적절하다.

| 오답풀이 |

① 영구의 16. 공사 사장 및 주요직위자의 공식적인 연설문, 기고문, 인터뷰 자료 및 공사의 공식적인 브리핑 자료이므로 '영구'가 적절하다.

② 30년의 2. 공사의 사장, 본부장 등의 결재를 필요로 하는 일반적인 사항에 관한 기록물이므로 '30년'이 적절하다.

③ 영구의 12. 공사의 연도별 업무계획과 이에 대한 추진 과정, 결과 및 심사분석 관련 기록물, 외부기관의 공사에 대한 평가에 관한 기록물이므로 '영구'가 적절하다.

⑤ 영구의 14. 정책자료집과 백서에 해당되므로 '영구'가 적절하다.

31 정보처리능력 쇼루밍 이해하기

| 정답 | ①

| 해설 | 쇼루밍은 소비자들이 오프라인 매장에서 제품을 살펴본 후 실제 구입은 온라인 사이트를 통하는 쇼핑 행태를 말한다.

| 오답풀이 |

② O2O(Online to Offline) : 온라인과 오프라인을 연결한 마케팅을 말한다.

③ 웹루밍 : 스마트폰 등장 이후 나타난 현상으로, 온라인으로 제품을 확인하고 오프라인에서 구매하는 현상을 말한다.

④ 옴니채널 : 소비자가 온라인, 오프라인, 모바일 등 다양한 경로를 넘나들며 상품을 검색하고 구매할 수 있도록 한 서비스를 말한다.

⑤ IoT(사물인터넷) : 세상에 존재하는 유형 혹은 무형의 객체들이 다양한 방식으로 서로 연결되어 개별 객체들이 제공하지 못했던 새로운 서비스를 제공하는 것을 말한다.

32 컴퓨터활용능력 컴퓨터 관리하기

| 정답 | ④

| 해설 | 제시된 사례는 A 사원의 컴퓨터가 바이러스에 감염된 경우이다. 컴퓨터 바이러스를 예방할 때 중요한 자료의 경우 그것에 비밀번호를 걸어 두는 것이 아니라 별도의 보조기억장치에 주기적으로 백업을 해 두는 방식으로 관리해야 한다.

보충 플러스+

컴퓨터 바이러스 예방법

- 출처가 불분명한 전자 우편의 첨부파일은 백신 프로그램으로 바이러스를 검사한 후 사용한다.
- 실시간 감시 기능이 있는 백신 프로그램을 설치하고 정기적으로 업데이트한다.
- 바이러스가 활동하는 날에는 시스템을 사전에 미리 검사한다.
- 정품 소프트웨어를 구입하여 사용하는 습관을 가진다.
- 중요한 파일은 습관적으로 별도의 보조 기억 장치에 미리 백업을 해 놓는다.
- 프로그램을 복사할 때는 바이러스 감염 여부를 확인한다.

33 컴퓨터활용능력 파워포인트 활용하기

| 정답 | ③

| 해설 | 제시된 도해를 만들기 위해서는 [삽입]-[SmartArt]에 들어가 'SmartArt 그래픽 선택' 대화상자에서 [계층 구조형]을 클릭해야 한다.

| 오답풀이 |

① 제시된 도해는 [차트]를 활용하여 작성할 수 없으며, [차트]에는 [조직도형]이 존재하지 않는다.

② 항목 수준을 올리려면 텍스트 창에서 Shift+Tab을 눌러야 하며, Tab만을 누를 시 항목 수준이 내려간다.

④ 제시된 도해는 의사결정 트리를 표시하는 [계층 구조형]에 속한다. [프로세스형]은 프로세스 또는 시간 표시 막대에 단계를 표시하는 작업을 할 때 사용하는 유형이다.

⑤ 텍스트 입력창에서 Enter를 누르면 새로운 동일 항목이 추가된다. 텍스트 입력창에서 방향키를 눌러 다음 칸으로 넘어갈 수 있다.

34 정보처리능력 바코드 생성 방식 이해하기

| 정답 | ①

| 해설 | • 바코드 짝수 자리 숫자의 합 : 0+2+4+6+8+0 =20

• 바코드 홀수 자리 숫자의 합 : 5+1+3+5+7+9=30

20×3+30=90이므로 90에 더해져 10의 배수를 만드는 최소 숫자는 0이다. 따라서 ㉠에 들어갈 숫자는 0이다.

35 정보처리능력 코드 분석하기

| 정답 | ④

| 해설 | D 그룹 두 번째 코드의 '품목' 부분 코드가 003이므로 가방이 아닌 구두/신발 제품임을 알 수 있다.

| 오답풀이 |

① A 그룹은 코드가 18로 시작하여 0A0001로 끝나므로 2018년에 각국의 1공장에서 생산된 제품들로 나열되어 있다.

② B 그룹은 '품목생산국' 부분 코드가 모두 00501K로, 한국에서 생산된 섬유잡화들로 나열되어 있다.

③ C 그룹은 베트남, 중국, 인도네시아, 태국 4개 국가의 2공장(0A0002)에서 생산된 제품들을 나열한 것이다.

⑤ E 그룹은 코드가 1911로 시작하여 01V−0A0001 또는 01V−0A0002로 끝나므로 2019년 11월에 베트남 1, 2 공장에서 생산된 제품들을 나열한 것이다.

36 컴퓨터활용능력 파워포인트 활용하기

| 정답 | ④

| 해설 | [세그먼트 주기형] 일러스트레이션을 슬라이드에 입력하려면 [삽입]−[SmartArt]를 클릭하고 SmartArt 그래픽 선택 대화상자에서 [주기형]을 클릭해야 한다.

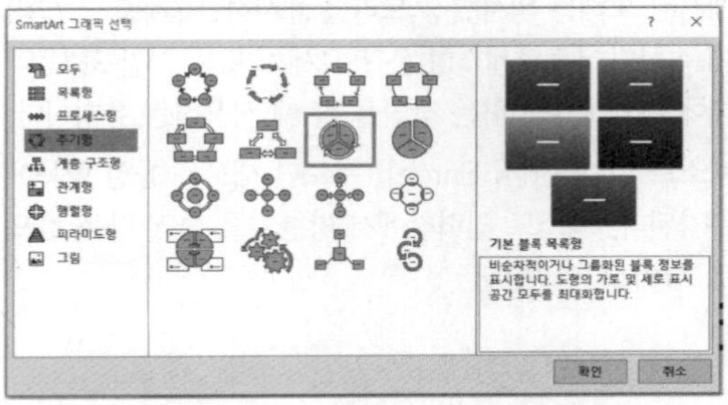

37 컴퓨터활용능력 프로그램 실행 문제 파악하기

| 정답 | ③

| 해설 | 제시된 상황은 동시에 많은 프로그램을 실행하여 컴퓨터가 가진 주기억장치의 허용 용량을 초과한 경우이다. 이 경우에는 사용하지 않는 프로그램을 종료하여(ㄱ, ㅁ) 주기억장치의 용량을 확보하거나, 가상 메모리를 이용하여(ㄹ) 일시적으로 사용할 수 있는 메모리의 양을 늘려야 한다. 가상 메모리란 프로그램을 구동하는 가상의 메모리 주소를 지정하는 방식으로 하드 디스크 등의 보조기억장치의 일부를 RAM 등의 주기억장치처럼 사용할 수 있도록 하는 기술로, 이를 통해 주기억장치의 용량을 초과하는 작업량을 처리할 수 있으나 처리 속도는 다소 느린 편이다.

38 컴퓨터활용능력 검색 기록 삭제하기

| 정답 | ③

| 해설 | 특정 파일을 검색하고자 할 때 여러 폴더들이 기록되어 있거나 검색창에 누적되어 있으면 파일 검색에 많은 시간이 걸리게 된다. 이 경우 기록되어 있는 검색기록을 삭제하여 탐색 시간을 단축할 수 있다. 파일 탐색기 상단의 [보기] 탭을 눌러 오른쪽 [옵션] → [폴더 및 검색 옵션 변경] 메뉴를 누르면 제시된 그림과 같은 창이 실행되며, 표시된 부분을 체크하여 지우기를 누르면 누적되어 있던 검색 기록들이 깨끗하게 삭제된다.

| 오답풀이 |

① 컴퓨터 보안 장치를 업그레이드하는 기능과는 관계없다.

② 빠른 실행에 나타날 파일과 폴더는 일정 공간에 실행한 파일 순으로 나타나므로 공간 확장 기능과는 관계없다.

④ 제시된 그림과 무관한 내용이다.

⑤ 검색 방법을 변경하는 것으로 검색 시간이 더 길어질 수 있다.

39 컴퓨터활용능력 찾기 기능 활용하기

| 정답 | ②

| 해설 | 제시된 그림과 같이 '여러 단어 찾기'를 선택한 후 쉼표(,)나 세미콜론(;)을 구분자로 하여 여러 단어를 찾을 수 있다.

40 정보처리능력 사업자등록번호 추론하기

|정답| ④

|해설| 동대문 소재이므로 청 · 서 코드는 204, 민간 봉사활동 법인의 지점은 비영리법인의 지점이므로 개인 · 법인 구분 코드는 82로 적절하나 일련번호는 0001 ~ 5999 사이의 번호이어야 하므로 일련번호 7201은 올바르지 않다.

41 기초연산능력 연산 적용하기

|정답| ③

|해설| [{(1◆7)◆8}◆9]×2+5={(1◆8)◆9}×2+5=(1◆9)×2+5=1×2+5=7

42 기초연산능력 금액 계산하기

|정답| ②

|해설| 최소 금액으로 볼펜을 구매하기 위해서는 택배비를 고려하여 한 곳에서 31개의 볼펜을 구매해야 한다. 각 판매처별로 볼펜 31개를 구매하기 위한 지불 금액을 계산하면 다음과 같다.

- 판매처 A : 1,560×31+4,300=52,660(원)
- 판매처 B : 1,550×31+4,500=52,550(원)
- 판매처 C : 1,540×31+5,000=52,740(원)

따라서 이 대리가 볼펜 구매에 지불할 최소 금액은 52,550원이다.

43 도표분석능력 자료의 수치 분석하기

|정답| ③

|해설| 5개 도시의 월별 미세먼지(PM2.5) 대기오염도 평균을 구하면 다음과 같다.

- 1월 : $\frac{29+27+21+26+27}{5}=26(\mu g/m^3)$
- 2월 : $\frac{28+23+22+26+21}{5}=24(\mu g/m^3)$
- 3월 : $\frac{25+21+16+20+18}{5}=20(\mu g/m^3)$
- 4월 : $\frac{21+16+17+18+17}{5}=17.8(\mu g/m^3)$
- 5월 : $\frac{19+15+17+20+18}{5}=17.8(\mu g/m^3)$

따라서 미세먼지(PM2.5) 대기오염도는 평균적으로 1월에 가장 높았다.

|오답풀이|

① 1월, 3월은 부산이 가장 낮았고 2월은 광주가 가장 낮았으며 4월, 5월은 인천이 가장 낮았다.

② 1 ~ 4월은 서울이 가장 높았으나 5월은 대구가 가장 높았다.

④ 부산의 경우 2월, 4월에 증가, 5월에 동일하였고 대구의 경우 2월에 동일, 5월에 증가하였으며 광주의 경우 5월에 증가하였다.

⑤ 조사기간 중 가장 낮은 수치를 기록한 곳은 5월에 $15\mu g/m^3$를 기록한 인천이다.

44 기초연산능력 시침과 분침 사이의 각도 구하기

|정답| ②

|해설| 시침은 1분에 360÷12÷60=0.5(°)씩, 분침은 1분에 360÷60=6(°)씩 회전하므로 시침과 분침이 231°를 이룬 시각을 12시 x분이라 하면 12시 정각에 둘이 일치한 위치에서부터 시침은 $0.5x°$, 분침은 $6x°$만큼 회전한다.

$6x-0.5x=231$

$5.5x=231$

$\therefore x=42$

따라서 시침과 분침이 231°를 이룬 시각은 12시 42분이다.

45 도표분석능력 자료를 바탕으로 수치 계산하기

|정답| ①

|해설| 엔진 종류별 압축비는 다음과 같다.

- 직렬 6기통 : $\frac{125+16}{16} \fallingdotseq 8.8$

• V형 6기통 : $\frac{250+20}{20}=13.5$

• 직렬 4기통 : $\frac{250+15}{15}\fallingdotseq 17.7$

• 수평대향 6기통 : $\frac{300+18}{18}\fallingdotseq 17.7$

• V형 8기통 : $\frac{375+15}{15}=26$

따라서 압축비가 가장 큰 엔진은 V형 8기통, 가장 작은 엔진은 직렬 6기통이다.

46 도표분석능력 자료의 수치 분석하기

| 정답 | ②

| 해설 | 〈표 1〉에서 개방형 직위 총수 중 충원 직위 수가 차지하는 비율이 클 것 같아 보이는 해를 선별하여 계산한다. 20X4년은 87.8%, 20X6년은 87.3%, 20X7년은 88.3%, 20X8년은 93.6%로 20X8년이 가장 높다.

| 오답풀이 |

① 미충원 직위 수는 개방형 직위 총수에서 충원 직위 수를 제외하면 된다. 20X4년 이후 미충원 직위 수는 20X4년 16명, 20X5년 21명, 20X6년 18명, 20X7년 18명, 20X8년 10명, 20X9년 22명이므로 매년 감소했다는 것은 옳지 않다.

③ 내부 임용의 비율은 20X7년 $\frac{75}{136}\times 100\fallingdotseq 55.1(\%)$, 20X8년 $\frac{79}{146}\times 100\fallingdotseq 54.1(\%)$, 20X9년 $\frac{81}{143}\times 100\fallingdotseq 56.6(\%)$로 60%가 채 되지 않는다.

④ A 부처의 내부 임용 비율은 $\frac{117}{201}\times 100\fallingdotseq 58.2(\%)$, B 부처의 내부 임용 비율은 $\frac{153}{182}\times 100\fallingdotseq 84.1(\%)$이므로 B 부처가 약 25.9%p 더 높다.

⑤ 개방형 직위 총수는 20X3 ~ 20X9년까지 지속적으로 증가 추세에 있다.

47 도표분석능력 자료 이해하기

| 정답 | ④

| 해설 | (나) 농림사업체의 전력 소비량은 158.9×71.7÷100≒113.9(천 toe)로 어업사업체의 석유 소비량인 159.5×68.7÷100≒109.6(천 toe)보다 더 많다.

(라) 어업사업체의 석유 소비량은 159.5×68.7÷100≒109.6(천 toe)으로 어업 전체 에너지소비량의 109.6÷987.2×100≒11.1(%)을 차지한다.

| 오답풀이 |

(가) 농가의 석유 소비량은 2,174.1×47.2÷100≒1,026.2(천 toe)로 어가의 석유 소비량인 827.7×96.3÷100≒797.1(천 toe)보다 더 많다.

(다) 어가와 어업사업체의 석유 소비량 합은 797.1+109.6≒906.7(천 toe)로 농가의 전력 소비량인 2,174.1×49.1÷100≒1,067.5(천 toe)보다 더 적다.

48 기초연산능력 안타와 홈런 개수 구하기

| 정답 | ①

| 해설 | 3아웃으로 공수가 교대되고, 아웃의 경우 1점이 감점되기 때문에 매 회마다 3점이 감점된다. 청팀과 홍팀의 감점(아웃)을 제외한 점수와 각각의 점수가 나올 수 있는 경우는 다음과 같다.

• 청팀

구분		1회	2회	3회	4회	5회
점수		5점	7점	5점	4점	2점
	3아웃	−3점	−3점	−3점	−3점	−3점
	감점을 제외한 점수	8점	10점	8점	7점	5점
홈런과 안타의 개수		안타 4개	홈런 2개 또는 안타 5개	안타 4개	홈런 1개 안타 1개	홈런 1개

청팀 선수들의 총 타석수는 4×4+3×5=31(타석)이고, 5회까지 총 15명이 아웃되므로 31−15=16(번)의 타석에서 안타 또는 홈런이 나왔음을 알 수 있다. 따라서 2회에는 안타 5개를 친 것이 된다.

∴ 안타 4+5+4+1=14(개), 홈런 1+1=2(개)

• 홍팀

구분		1회	2회	3회	4회	5회
점수		3점	6점	8점	7점	4점
	3아웃	−3점	−3점	−3점	−3점	−3점
	감점을 제외한 점수	6점	9점	11점	10점	7점
홈런과 안타의 개수		안타 3개	홈런 1개 안타 2개	홈런 1개 안타 3개	홈런 2개 또는 안타 5개	홈런 1개 안타 1개

홍팀 선수들의 총 타석수는 4×2+3×7=29(타석)이고, 5회까지 총 15명이 아웃되므로 29−15=14(번)의 타석에서 안타 또는 홈런이 나왔음을 알 수 있다. 따라서 4회에는 홈런 2개를 친 것이 된다.

∴ 안타 3+2+3+1=9(개), 홈런 1+1+2+1=5(개)

따라서 안타를 더 많이 친 팀은 청팀이고, 그 팀의 홈런 개수는 2개이다.

49 도표분석능력 자료 해석하기

| 정답 | ③

| 해설 | 노르웨이와 한국을 비교해 보면 한국이 노르웨이보다 아빠전속 육아휴직 기간이 5배 이상 길지만 노르웨이의 소득대체율이 더 높은 것을 알 수 있다. 따라서 육아휴직 기간이 길수록 소득대체율이 높은 것은 아니다.

| 오답풀이 |

① 육아휴직 사용자 중 남성의 비중이 가장 큰 국가는 아이슬란드로 45.6%이고, 가장 작은 국가는 일본으로 2.3%이다. 두 국가의 차이는 45.6−2.3=43.3(%p)이다.

② 아이슬란드 남성의 육아휴직 사용 비중은 45.6%로 가장 높지만 아빠전속 육아휴직 기간은 13주로 일본, 포르투갈, 한국 등에 비해 짧다.

④ 일본의 아빠전속 육아휴직 기간은 52주로 포르투갈의 17.3주보다 3배 이상 길다.

⑤ 아빠전속 육아휴직 기간이 가장 긴 국가는 일본과 한국으로 52주, 가장 짧은 국가는 핀란드로 6주이며 그 차이는 46주이다.

50 도표분석능력 도표 이해하기

| 정답 | ③

| 해설 | 201X년 1인 가구의 구성비는 28.5%고, 부부와 자녀로 이루어진 가구의 구성비는 31.4%이다. 따라서 부부와 자녀로 이루어진 가구수가 더 많은 비율을 차지한다.

| 오답풀이 |

① 〈가구원수별 가구 구성비 추이〉에서 구성비가 줄어드는 유형은 3인, 4인, 5인 이상인데 그 중 3인 가구의 줄어드는 폭이 가장 완만한 편이다.

② 1인 가구의 구성비가 빠르게 증가하므로 도출할 수 있는 내용이다.

④ 〈주요 가구유형별 구성비 추이〉에서 부부 유형의 구성비가 증가하고 있으므로 도출할 수 있는 내용이다.

⑤ 1인과 2인 가구의 구성비 모두 증가하므로 적절하다.

5회 기출예상문제

문제 160쪽

01	②	02	④	03	②	04	④	05	④
06	⑤	07	①	08	④	09	③	10	③
11	⑤	12	④	13	①	14	①	15	③
16	③	17	⑤	18	⑤	19	②	20	②
21	③	22	④	23	①	24	⑤	25	③
26	③	27	④	28	①	29	③	30	⑤
31	①	32	①	33	②	34	③	35	②
36	①	37	③	38	③	39	⑤	40	③
41	②	42	④	43	③	44	⑤	45	③
46	④	47	③	48	③	49	③	50	②

01 문서이해능력 시스템 안내서 이해하기

| 정답 | ②

| 해설 | ㄱ. '2. 시스템 구성'을 보면 품질검사 협업시스템 구축에 대한 사용자 안내서임을 알 수 있다.

ㄷ. '2. 시스템 구성'을 보면 협력업체 담당자는 인터넷망을 통해 품질검사, 공장검사, 인수검사 등 품질업무를 요청할 수 있다.

| 오답풀이 |

ㄴ. 모든 제품이 아니라 품질검사 승인 요청 건에 대하여 품질에 대한 검토나 승인을 받는다.

ㄹ. 해당 내용은 주어진 자료를 통해서는 알 수 없다.

02 경청능력 올바르게 조언하기

| 정답 | ④

| 해설 | 상대의 입장을 충분히 이해하지 못한 조언은 상대의 공감을 얻지 못하고 불필요한 이야기처럼 들릴 수 있다. 따라서 자신의 입장이 아닌 상대의 입장에서 상대의 이야기를 충분히 귀담아 듣고 조언해 주어야 한다.

03 문서이해능력 문서 종류 이해하기

| 정답 | ②

| 해설 | ㉠은 상품의 특성이나 사물의 성질과 가치, 작동 방법이나 과정을 소비자에게 설명하기 위해 작성된 문서이므로 설명서에 해당한다. ㉡은 회사의 규칙으로 정한 조항을 모아서 엮은 문서이므로 규정집에 해당한다.

04 경청능력 경청을 방해하는 요인 알기

| 정답 | ④

| 해설 | 상대방의 언어 외에 몸짓이나 표정에 관심을 기울이는 것은 적극적인 경청을 하고 있다는 것이다.

| 오답풀이 |

① 경청의 방해 요인 중 '걸러내기'에 해당한다.

② 경청의 방해 요인 중 '판단하기'에 해당한다.

③ 경청의 방해 요인 중 '다른 생각하기'에 해당한다.

⑤ 경청의 방해 요인 중 '대답할 말 준비하기'에 해당한다.

05 문서이해능력 빈칸에 들어갈 내용 파악하기

| 정답 | ④

| 해설 | 생각과 같은 정신적 요소는 육체적 요소와 달리 인간에게서 떼어낼 수 없으며 인간이라는 존재를 규정한다고 하였다. 즉 생각함이 곧 존재의 증명임을 나타내는 '나는 생각한다. 고로 존재한다.'가 적절하다.

06 문서이해능력 적절한 비판할 문구 고르기

| 정답 | ⑤

| 해설 | (나)에서 설명하는 기계적 이원론은 인간과 자연을 분리하여 인식하고, 객체인 자연은 주체인 인간에게 관찰되고 이용되는 대상으로 인식한다. 따라서 환경보호단체의 입장에서 이를 비판하기 위해서는 인간과 자연은 하나이며, 자연은 인간에게 이용되어야 하는 대상이 아님을 주장하는 것이 가장 적절하다.

| 오답풀이 |

② 자연은 후손에게 빌려 쓰고 있는 것임을 주장하는 내용은 자연을 인간의 소유와 관리의 대상으로 바라보는 기계적 이원론적 관점과 유사하다.

07 문서작성능력 올바른 맞춤법 사용하기

| 정답 | ①

| 해설 | 내용이 알차고 단단하다는 의미의 '충실하다'를 부사 형태로 표현하면 '충실히'가 된다.

| 오답풀이 |

② '기꺼이'는 분명히 '이'로 나는 경우이므로 '기꺼히'로 적지 않고 '기꺼이'로 적는다.

③ '도대체'가 올바른 표기이다.

④ '승낙'이 올바른 표기이다.

⑤ 모음이나 'ㄴ' 받침 뒤에 '율'이 붙으므로 '확률'이 올바른 표기이다.

08 문서이해능력 글의 내용 적용하기

| 정답 | ④

| 해설 | 일 보 후퇴, 이 보 전진 전략이 가능한 경우는 한 쪽이 양보했을 때 다른 한 쪽도 양보해야 한다는 의무감이 생길 때이다. 이런 상호성의 법칙이 작용하기 위해서는 상대의 양보가 계산된 행동이라는 인상을 주어서는 안 된다. 따라서 양보의 대가로 더 많은 것을 얻겠다는 의사를 내보이는 것은 적절하지 않다.

09 의사표현능력 공식적 의사소통의 특징 이해하기

| 정답 | ③

| 해설 | 공식적 의사소통과 비공식적 의사소통의 장단점은 다음과 같다.

구분	공식적 의사소통	비공식적 의사소통
장점	• 상관의 권위가 유지됨. • 전달자와 피전달자가 분명하고 책임 소재가 명확하며, 의사 전달이 확실하고 편리함. • 정보의 사전 입수로 의사결정이 용이하고, 정보나 근거의 보존이 용이함. • 의사 결정에의 활용 가능성이 큼.	• 신속한 전달이 가능하며, 외적으로 나타나지 않는 배후 사정을 자세히 전달함. • 긴장과 소외감을 극복하고 개인적 욕구를 충족할 수 있음. • 행동의 통일성을 확보할 수 있음. • 관리자에 대한 조언의 역할이 가능하고, 의견교환의 융통성이 높아 공식적 의견 전달을 보완할 수 있음.
단점	• 의사 전달의 융통성이 부족하고, 형식화되기 쉬움. • 배후 사정을 소상히 전달하기 곤란함. • 변동하는 사태에 신속히 적응하기가 어렵고 기밀 유지가 곤란함.	• 책임 소재가 불분명하고, 수직적 계층하에서 상관의 권위가 손상될 수 있으며 조정, 통제가 곤란함. • 개인 목적에 역이용될 수 있음. • 공식적 의사소통 기능을 마비시킬 수 있음.

따라서 공식적 의사소통의 특징은 ㉡, ㉢, ㉣, ㉥이다.

10 문서작성능력 제목 작성하기

| 정답 | ③

| 해설 | 수리 업무직 현재 실태와 그 원인을 분석하고 있으므로 'N 전자 수리 업무 실태 보고'가 적절하다.

| 오답풀이 |

⑤ 회의의 목적은 수리 업무직 실태를 분석하여 대책의 토대를 마련하는 것이지만, 주어진 회의 자료를 보았을 때 구체적인 업무 효율 개선 방안이 제시되어 있지 않으므로 자료의 제목으로 적절하지 않다.

11 문서작성능력 회의 자료 작성하기

| 정답 | ⑤

| 해설 | '2－나.'의 서비스 평가 점수의 감소는 '3. 주요 원인'을 고려했을 때 인력 감소로 인한 수리 기사의 과도한 업무량 및 비효율적인 제도에 따른 시간 압박 등 복합적인

이유 때문일 것으로 추측할 수 있다. 그러므로 수리 기사의 고객 응대 기술과는 관련이 없다.

| 오답풀이 |

① '3－나.'를 보면 처리시간 제한제도에 따라 수리 기사들이 시간 압박을 받고 있으며 수리 요청이 같은 지역에서 발생하여도 배당된 것만 처리하는 등 현재 시행되고 있는 처리 절차가 비효율적임을 알 수 있다. 따라서 출장 시스템 개선 방안이 시급하다는 의견은 적절하다.

② '3－가.'를 보면 수리 곤란 제품으로 인해 건당 소요 시간이 전년 대비 10분 증가한 것을 알 수 있다. 따라서 수리를 고려한 제품 생산 방안이 필요하다는 의견은 적절하다.

③, ④ '3－가.'를 보면 수리 업무직 전체 인력이 38명으로 감소하였으며, 이에 따라 '2－가.'와 같이 수리 기사 1인당 수리 건수가 전년 대비 약 10건이 증가했음을 알 수 있다. 따라서 필요 인력 산정 및 업무 적정화 방안을 마련해야 하며, 수리 기사의 피로도 증가로 업무 품질 저하가 우려된다는 의견은 적절하다.

12 기초연산능력 부등식 활용하기

| 정답 | ④

| 해설 | A 제품을 x개, B 제품을 $(x+8)$개 구매한다고 하면 다음과 같은 식이 성립한다.

$4{,}500x+3{,}500(x+8) \leq 100{,}000$

$4{,}500x+3{,}500x+28{,}000 \leq 100{,}000$

$8{,}000x \leq 72{,}000$

$x \leq 9$

따라서 김 대리가 구매할 수 있는 A 제품은 최대 9개이다.

13 기초연산능력 총 원료비 구하기

| 정답 | ①

| 해설 | 주황색 페인트를 만들 때 필요한 빨간색과 노란색 페인트의 비율은 2 : 1이다. 따라서 주황색 15L를 만들려면 빨강 10L, 노랑 5L가 필요하다. 또 보라색 페인트를 만들 때 필요한 빨간색과 파란색 페인트의 비율은 1 : 1이므로 빨강 5L, 파랑 5L가 필요하다. 마지막으로 초록색 페인트를 만들기 위한 노란색과 파란색 페인트의 비율은 3 : 2이므로 노랑 15L, 파랑 10L가 필요하다. 따라서 각 색깔별로 필요한 페인트의 총량은 빨강 15L, 노랑 20L, 파랑 15L이다. 따라서 이 값에 비용을 곱한 (15×5,000)+(20×3,000)+(15×4,500)=202,500(원)이 필요한 원료의 총 비용이다.

14 기초연산능력 초고령사회 시작 연도 구하기

| 정답 | ①

| 해설 | 초고령사회의 노인비율인 20%가 되려면 도표의 마지막 해인 2026년의 15.5%로부터 4.5%가 증가해야 한다. G 국가의 고령화율은 매년 0.8%p씩 증가하므로 남은 고령화 비율을 연간 증가율로 나눠보면 4.5÷0.8≒5.6(년)이다. 따라서 2026년부터 최소 6년이 지나야 하므로 초고령사회는 2032년에 시작된다.

15 기초연산능력 급여 비교하기

| 정답 | ③

| 해설 | 월 판매액을 x만 원이라고 할 때 S 기업의 판매사원 급여는 $\{160+(x\times0.09)\}$만 원 이고, Y 기업은 $\{140+(x\times0.14)\}$만 원이다. 이 둘 중 Y 기업의 급여가 S 기업의 급여를 초과하기 위해서는 $160+0.09x<140+0.14x$가 성립해야 한다. 이 식을 풀면 $400<x$이므로 장 씨의 월 판매액은 400만 원을 초과해야 한다.

16 기초연산능력 약 · 배수 활용하기

| 정답 | ③

| 해설 |
- A 제품 : 600÷30=20, 250÷25=10이므로 타일을 모두 사용하여 벽에 빈 공간이 없게 할 수 있다. 이때 필요한 타일은 20×10=200(개)이다.
- B 제품 : 600÷40=15, 250÷40=6.25이므로 불가능하다.

- C 제품 : 600÷50=12, 250÷50=5이므로 타일을 모두 사용하여 벽에 빈 공간이 없게 할 수 있다. 이때 필요한 타일은 12×5=60(개)이다.
- D 제품 : 600÷55≒10.91, 250÷55≒4.55이므로 불가능하다.
- E 제품 : 600÷45≒13.34, 250÷60=4.17이므로 불가능하다.

따라서 Q 씨가 구입할 제품으로 적절한 것은 C 제품이다.

17 기초연산능력 경쟁률 구하기

|정답| ⑤

|해설| 직무분야별 경쟁률을 계산하면 다음과 같다.

직무분야	경쟁률
기계	4 : 130=1 : 32.5
토목	5 : 207=1 : 41.4
건축	5 : 159=1 : 31.8
화공	7 : 232≒1 : 33.1
전산	9 : 292≒1 : 32.4
전기	12 : 380≒1 : 31.7

따라서 경쟁률이 가장 낮은 분야는 전기이다.

18 도표분석능력 자료의 수치 분석하기

|정답| ⑤

|해설| 가구원 수가 증가할수록 1인당 에너지 사용량은 대체적으로 감소하므로 1인 가구의 증가는 전체 에너지 사용량 증가로 이어질 것이다.

|오답풀이|

① 5인 이상 가구의 가스 사용량은 1인 가구의 가스 사용량의 $\frac{5,629}{3,797}$ ≒ 1.5(배)이다.

② 5인 이상 가구의 전기 사용량은 1인 가구의 전기 사용량의 $\frac{8,175}{6,117}$ ≒ 1.3(배)이다.

③ 가구원 1인당 전기 사용량과 탄소배출량을 구하면 다음과 같다.

- 가구원 1인당 전기 사용량
  - 1인 가구 : 6,117Mcal
  - 5인 이상 가구 : 8,175(Mcal)÷5=1,635(Mcal) 이하(5인일 때가 1,635Mcal이므로 5인 이상이면 1,635Mcal 이하이다)

  따라서 6,117÷1,635≒3.7(배) 이상이다.
- 가구원 1인당 탄소배출량
  - 1인 가구 : 1,943kg-CO_2
  - 5인 이상 가구 : 2,669(kg-CO_2)÷5=533.8(kg-CO_2) 이하(5인일 때가 533.8kg-CO_2이므로 5인 이상이면 533.8kg-CO_2 이하이다)

  따라서 1,943÷533.8≒3.6(배) 이상이다.

④ 5인 이상 가구의 수도 사용량은 1인 가구의 수도 사용량의 $\frac{219}{95}$ ≒ 2.3(배), 5인 이상 가구의 지역난방 사용량은 1인 가구 지역난방 사용량의 $\frac{1,523}{515}$ ≒ 3.0(배)이다.

19 기초연산능력 비용 계산하기

|정답| ②

|해설| A 렌탈업체를 이용한다면 비용은 {70,000+(5,000×3)}×6=510,000(원)이다.

|오답풀이|

① 기계를 구입한다면 비용은 800,000+(13,000×3×6) =1,034,000(원)이다.

③ B 렌탈업체를 이용한다면 원두는 무료로 제공되므로 비용은 90,000×6=540,000(원)이다.

④ B 렌탈업체를 이용하는 것(540,000원)이 기계를 구입하는 것(1,034,000원)보다 저렴하다.

⑤ A 렌탈업체를 이용하는 것(510,000원)이 B 렌탈업체를 이용하는 것(540,000원)보다 30,000원 더 저렴하다.

20 기초연산능력 비용 계산하기

|정답| ②

|해설| 3개월 동안 사용할 때의 비용은 다음과 같다.

- A 렌탈업체 : {70,000+(5,000×3)}×3=255,000(원)

• B 렌탈업체 : 90,000×3=270,000(원)

따라서 비용이 같지 않다.

| 오답풀이 |

① 1개월 동안 사용할 때의 비용은 다음과 같다.
- 구입 : 800,000+(13,000×3)=839,000(원)
- A 렌탈업체 : 70,000+(5,000×3)=85,000(원)
- B 렌탈업체 : 90,000원

따라서 A 렌탈업체를 이용하는 것이 가장 저렴하다.

③ 3개월 동안 사용할 때의 비용은 다음과 같다.
- 구입 : 800,000+(13,000×3×3)=917,000(원)
- A 렌탈업체 : {70,000+(5,000×3)}×3=255,000(원)
- B 렌탈업체 : 90,000×3=270,000(원)

따라서 기계를 구입하는 것보다 렌탈하는 것이 더 저렴하다.

④ 1년 동안 사용할 때의 비용은 다음과 같다.
- 구입 : 800,000+(13,000×3×12)=1,268,000(원)
- A 렌탈업체 : {70,000+(5,000×3)}×12=1,020,000(원)
- B 렌탈업체 : 90,000×12=1,080,000(원)

따라서 기계를 구입하는 것보다 렌탈하는 것이 더 저렴하다.

⑤ 매달 5kg 이상의 원두를 소모하면서 3개월 동안 사용할 때의 비용은 다음과 같다.
- A 렌탈업체 : {70,000+(5,000×5)}×3=285,000(원) 이상
- B 렌탈업체 : 90,000×3=270,000(원)

따라서 B 렌탈업체를 이용하는 것이 더 저렴하다.

21 기초연산능력 최소 사용 개월 수 계산하기

| 정답 | ③

| 해설 | 기계를 x개월 사용한다고 할 때, 기계를 구입하는 것이 A 렌탈업체를 이용하는 것보다 더 낮은 비용이 되기 위해서는 다음과 같은 부등식이 성립한다.

$800,000+(13,000\times3\times x)<\{70,000+(5,000\times3)\}\times x$

$800,000+39,000x<85,000x$

$46,000x>800,000$

$x>17.39\cdots$

따라서 기계를 최소 18개월 사용해야 한다.

22 사고력 분석적 사고 이해하기

| 정답 | ④

| 해설 | 제시된 내용은 가설 지향적 사고에 대한 설명이다. 가설 지향적 사고는 경험과 직관을 중시한다는 점에서 객관적 사실을 바탕으로 사고하는 사실 지향적 사고와 상반된다. 이러한 가설 지향적 사고가 유용한 경우는 다음과 같다.

- 문제 해결을 위한 시간적 제약으로 빠르게 해결방안을 수립해야 하는 경우
- 일반적으로 나타나는 정형적인 문제의 원인 분석이 필요한 경우
- 난해한 문제로 '진흙 헤쳐 나가기' 전략을 채택할 경우
- 여러 사안 및 그룹들이 감정적으로 대립하고 있는 경우
- 실험, 시행착오, 실패가 비교적 자유롭게 허용되는 경우

따라서 ④는 적절하지 않다.

23 사고력 명제 추론하기

| 정답 | ①

| 해설 | 두 번째 결과와 첫 번째 결과에 따라 제품 원가를 따지지 않는 사람은 평균수익에 관심이 없고 평균수익에 관심이 없는 사람은 인지도에도 관심이 없으므로 '제품 원가를 따지지 않는 사람은 인지도에도 관심 없다'가 성립한다.

24 사고력 논리적 오류 판단하기

| 정답 | ⑤

| 해설 | 제시된 글은 경상북도 김천에 살지 않는다고 하여 경상북도에 살지 않는다고 단정짓는 흑백 논리의 오류를 범하고 있다. 이와 유사한 오류를 범하고 있는 것은 흰색을 좋아하지 않는다고 하여 검정색을 좋아한다고 여기는 것이다.

| 오답풀이 |

① 전건 부정의 오류를 범하고 있다.

② 성급한 일반화의 오류를 범하고 있다.

③ 정황적 논증의 오류(피장파장의 오류)를 범하고 있다.

④ 순환 논증의 오류를 범하고 있다.

25 사고력 항상 참인 추론 파악하기

|정답| ③

|해설| 물결무늬 넥타이를 한 면접관이 맨 오른쪽에 앉아 있고, 마 면접관은 물방울무늬 넥타이를 하고 있으므로 마 면접관은 맨 오른쪽에 앉지 못한다. 구 면접관은 고 면접관 옆에 앉는데 좌, 우를 알 수 없으나 연이어 있다는 것을 알 수 있다. 따라서 마－구－고 또는 마－고－구 순으로 앉는다는 것을 알 수 있어 항상 참인 것은 마 면접관이 맨 왼쪽에 앉아 있다는 것이다.

26 문제처리능력 SWOT 분석 이해하기

|정답| ③

|해설| 각각의 전략에 따른 예시는 다음과 같다.

외부환경 / 내부환경	강점(Strengths)	약점(Weaknesses)
기회 (Opportunities)	SO • 강점활용에 의한 기회 확대방안 • 채널확대, 세계화 • 사업다각화	WO • 기회에 대응하기 위한 약점 보완 전략 • 틈새시장, 기술개발 • 사업다변화
위협 (Threats)	ST • 강점활용에 의한 위협 최소화 • 전략적 제휴, 정보화 • 품질 및 서비스 차별화	WT • 생존전략(매각, 철수, 우회, 회피 등) • 유연조직 구축, 인재육성 • 생산성 향상

따라서 WO 전략에 해당하는 것은 사업다변화와 기술개발이다.

27 문제처리능력 SWOT 분석 이해하기

|정답| ④

|해설| SWOT 분석에는 여러 가지 상황이 펼쳐질 수 있는 시나리오가 들어가서는 안 된다. 이렇게 여러 가능성을 반영하지 못한다는 점이 SWOT 분석의 가장 큰 약점이기도 하다.

28 문제처리능력 3C 분석 이해하기

|정답| ①

|해설| 3C 분석(Company, Competitor, Customer)은 경쟁하고 있는 자사와 경쟁사를 비교하고 분석해 자사를 어떻게 차별화하여 경쟁에서 이길 것인가를 분석하는 분석 기법이다. 각각의 구성은 다음과 같다.

분석요소	상세 기준
고객 (Customer)	• 해당 서비스 · 상품 시장규모가 충분히 큰가? • 성장가능성이 높은 시장인가? • 시장의 성숙도는 어떠한가?
경쟁사 (Competitor)	• 시장에서 경쟁이 치열한가? • 경쟁사의 시장점유율과 재무현황, 핵심경쟁력은 무엇인가? • 새로운 경쟁자들이 진입할 가능성은 큰가?
자사 (Company)	• 기업의 윤리규범 및 비전에 부합하는 서비스 · 상품인가? • 기업 내 인적, 물적, 기술적 자원수준은 어느 정도인가? • 기업 내 기존 서비스 · 상품들과 시너지 효과는 어느 정도인가?

따라서 ㉢에 들어갈 것은 자사 분석이다.

29 문제처리능력 자료를 바탕으로 추론하기

|정답| ③

|해설| 복지를 현 수준으로 유지해야 한다는 응답이 8.2%에 그쳤으므로 대다수의 응답자가 현재의 복지 수준을 높게 평가하고 있다는 추론은 적절하지 않다.

30 문제해결능력 문제해결 시 기본사고 이해하기

|정답| ⑤

|해설| ㉠ O사는 전략적 사고가 부족하였다.

㉡ P사는 내 · 외부자원의 활용을 미흡하게 하였다.

㉢ Q사는 분석적 사고가 부족하였다.

보충 플러스+

문제해결에 필요한 기본사고
- 전략적 사고 : 당면한 문제와 해결책이 상위시스템 또는 다른 문제와 어떻게 연결되어 있는지 생각하는 것
- 분석적 사고 : 전체를 각각의 요소로 나누어 그 의미를 도출한 다음 우선순위를 부여하여 구체적인 문제해결방법을 실행하는 것
- 발상의 전환 : 기존의 인식들을 전환하여 새로운 관점에서 바라보는 것
- 내·외부자원의 활용 : 문제해결 시 기술, 재료, 방법, 사람 등 필요한 자원 확보 계획을 수립하고 효과적으로 활용하는 것

31 사고력 영화 시간 추론하기

| 정답 | ①

| 해설 | 〈유진이의 일정〉에 따라 불가능한 선택지를 소거하면 답을 찾을 수 있다.

두 번째 일정에 따르면 화, 목, 토요일은 오후 7시 ~ 9시에 독일어 수업을 들으므로 영화를 볼 수 없어 ②, ⑤는 제외된다. 세 번째 일정에 따르면 금요일 퇴근 후에는 다양한 행사에 참여하여 다른 일정을 잡기 어려우므로 ③이 제외된다. 마지막으로 일요일은 오후 5시 이후에 집에서 휴식을 취하므로 ④도 제외된다. 따라서 유진이가 선택할 수 있는 영화 시작 시각은 수요일 오후 8시 40분이다.

32 물적자원관리능력 사업의 타당성 분석요소 이해하기

| 정답 | ①

| 해설 | 문제의 기사는 사업 타당성 분석 중 시장성 분석에 해당한다. 시장성 분석은 시장 동향 파악, 수요 예측, 그리고 제품 환경 및 강점과 약점 등을 파악하는 단계로, 기사에선 시장 동향을 살피고 프랜차이즈 시장이 가진 강점과 수요층의 특징을 언급하고 있다.

33 자원관리능력 자원관리의 과정 이해하기

| 정답 | ②

| 해설 | 효과적인 자원관리의 과정은 어떤 자원이 얼마나 필요한지 그 자원의 종류와 양 확인하기 → 이용 가능한 자원 수집(확보)하기 → 자원 활용 계획 세우기 → 계획에 따라 수행하기의 4단계 과정을 거친다.

34 인적자원관리능력 효과적인 명함관리 방법 이해하기

| 정답 | ③

| 해설 | 명함에는 명함을 교환받은 상대에 대한 정보를 메모하는 것이 좋다. 다만 명함에 메모하는 것은 상대방과의 만남이 끝난 이후에 하는 것이 좋으며, 상대방이 보는 앞에서 메모하는 것은 바람직하지 않다.

35 물적자원관리능력 효과적인 물적자원관리 과정 이해하기

| 정답 | ②

| 해설 | 효과적인 물적자원관리의 과정은 사용품과 보관품의 구분(㉠) → 동일 및 유사 물품의 분류(㉢) → 물품의 특성에 맞는 보관 장소 선정(㉡)의 순서로 나타낼 수 있다.

36 물적자원관리능력 물품 보관의 원칙 이해하기

| 정답 | ①

| 해설 | 회전대응 보관의 원칙이란 물품의 활용빈도가 상대적으로 높은 것은 쓰기 쉬운 위치에 보관해야 한다는 원칙으로, 입·출하의 빈도가 높은 품목은 출입구 가까운 곳에, 반대로 빈도가 낮은 물품은 먼 곳에 보관하여 반출 과정에서의 동선을 절약하고 이동 과정에서의 물품의 손상을 방지하는 것을 의미한다.

| 오답풀이 |

② 명료성의 원칙은 보관 중인 제품을 용이하게 인식할 수 있도록 보관해야 한다는 원칙을 의미한다.

③ 후입선출의 원칙은 가장 나중에 입고된 물품을 가장 먼저 반출하는 원칙으로, 주로 재고회전률이 높아 물품보관의 시간이 짧은 물품에 대하여 적용한다.

④ 위치 표시의 원칙은 보관품의 장소와 선반 번호를 명시

하는 원칙이다. 위치 표시를 하면 격납, 추출작업이 단순화되어 작업원의 실수가 적어진다.

⑤ 통로대면 보관의 원칙은 창고 내 입출고를 용이하게 하고 창고 내 원활한 화물의 흐름을 위해 통로에 직각으로 면하여 보관하는 원칙이다.

37 시간관리능력 | 일 중독자들의 경향 이해하기

| 정답 | ③

| 해설 | 시간 관리에 실패한 일 중독자들은 생산성이 낮은 일을 가장 오래하고, 최우선 업무보다는 가시적인 업무에 전력을 다하고, 자신이 할 수 있는 일을 다른 사람에게 맡기지 않고, 위기 상황에 과잉 대처하여 일을 침소봉대하는 경향이 있다. 시간 관리를 통해 일과 가정 또는 자신의 여가를 동시에 즐기는 것은 올바른 시간 관리의 사례에 해당한다.

38 인적자원관리능력 | 인맥관리의 중요성 이해하기

| 정답 | ③

| 해설 | 〈보기〉의 사례는 N사의 코스닥 상장 과정에서 N사의 회장이 개인의 인맥을 통해 도움을 받아 문제를 해결한 내용이다. 이처럼 개인적인 차원의 인적자원관리인 인맥관리를 통해 형성한 관계는 유사시 필요한 도움을 받는 데 결정적인 역할을 수행할 수 있다.

39 시간관리능력 | 휴가 일정 설정하기

| 정답 | ⑤

| 해설 | 사장님 업무 일정이 있는 날에는 모든 팀이 근무하는 것이 원칙이지만 사장님의 국내지사 방문 일정은 휴가 신청 가능 기간이 아니므로 고려할 필요가 없다.

40 시간관리능력 | 휴가 일정 설정하기

| 정답 | ③

| 해설 | 휴가 신청 가능 기간인 1월 8일부터 28일까지 중 주말을 포함하여 5일을 신청해야 하므로 19일부터 23일까지 휴가를 신청하면 비서실장의 휴가 일정과 사장님의 업무 일정, 총무팀 휴가 일정과 겹치지 않는 휴가 일정이 될 수 있다.

| 오답풀이 |

① 8일～10일 사장님 업무 일정과 겹치게 된다.

② 13일～15일에 비서실장 휴가 일정과 겹치게 된다.

④ 24일～27일에 총무팀 휴가와 일정이 겹치게 된다.

⑤ 휴가 신청 가능 기간인 1월 28일을 초과하고, 30일에 사장님 업무 일정과 겹치게 된다.

41 예산관리능력 | 금액 계산하기

| 정답 | ②

| 해설 | 소형과 중형을 각각 소문자와 대문자로 표시했을 때, 13일과 14일의 합산금액을 더한 값(㉠)에서 16일의 합산금액(㉡)을 빼 주면 다음과 같다.

$a+b+A+C=28,000$(원) ········ ㉠

$A+C=19,000$(원) ········ ㉡

㉠－㉡$=a+b=9,000$(원) ········ ㉢

다음으로 12일과 15일의 합산금액을 더해 주면

$a+b+2B=30,000$(원)

㉢과 연립하면 B=10,500(원)

따라서 12일의 합산금액을 통해 소형 A의 2시간 기준 충전금액이 3,500원이란 사실을 알 수 있고, 1시간 기준 가격은 1,750원이 된다.

42 예산관리능력 | 예산의 구성요소 이해하기

| 정답 | ④

| 해설 | 예산의 구성요소는 일반적으로 비목과 세목으로 구분할 수 있으며, 이 중 비목은 대분류 원가항목으로, 이는 다시 직접비용과 간접비용으로 분류할 수 있다. 여기서 직접비용(Direct Cost)은 제품의 생산 또는 서비스를 창출하기 위해 직접 소비되는 비용이며, 간접비용(Indirect Cost)은 직접비용이 아닌 것, 즉 제품 생산이나 서비스 창출에 직접 관련되지 않은 비용을 말한다.

43 인적자원관리능력 직무설계의 목적 이해하기

| 정답 | ③

| 해설 | 직무설계란 조직목표 달성 및 개인욕구 충족을 위하여 주어진 직무를 수행하는 데 필요한 과업들과 과업수행 방식을 정의하는 과정이다. 조직과 개인은 상충되는 목표가 아니기 때문에 하나의 목표 아래 조직의 경제적, 사회적 효율성을 동시에 향상시킬 수 있으며 직무설계를 통해 직원의 동기 부여와 조직의 생산성 향상이라는 효과를 거둘 수 있다. 보도 내용에 나온 기업은 정기 공채를 없애고 상시 공채로 바꿔 직원 채용 시스템에 변화를 줌으로써 인재 확보 기회를 넓히고 직무에 맞는 이들에게 성장과 안정을 위한 기회를 제공하려는 목적을 가지고 있음을 알 수 있다. 따라서 옳은 것은 ㄷ, ㄹ이다.

44 기술이해능력 노하우의 개념 알기

| 정답 | ⑤

| 해설 | 노하우(Know-how)는 경험적이고 반복적인 행위에 의해 얻어지는 것이며, 노와이(Know-why)는 이론적인 지식으로서 과학적인 탐구에 의해 얻어지는 것이다.

45 기술이해능력 실패를 성공으로 만드는 포인트 알기

| 정답 | ③

| 해설 | 두 사례 모두 실제 업무의 성공가능성을 높이기 위해 실패의 고통스러운 순간을 미리 경험해 보는 가상 실패 체험을 하고 있다. 이를 통해 업무 중 발생할 수 있는 잠재적 위험 요인을 미리 파악할 수 있고 간접체험을 통해 실패 발생확률을 낮추거나 수월한 위기대응으로 성공가능성을 높일 수 있다.

46 기술이해능력 적정기술 구분하기

| 정답 | ④

| 해설 | 적정기술은 그 기술이 사용되는 사회 공동체의 정치적, 문화적, 환경적 조건을 고려하여 해당 지역의 지속적인 생산 및 소비가 가능하도록 만들어진 기술로, 거대 · 첨단 기술과는 달리 수요자의 필요, 환경 친화적, 가치와 편익의 나눔 등을 가치로 두고 있다. 따라서 가치와 편익의 집중은 적정기술에 해당하지 않는다.

보충 플러스+

거대기술과 적정기술

거대기술		적정기술
중앙 집중, 권위주의	→	분산형, 민주주의
공급자 중심	→	수요자의 필요
자본집약적	→	노동집약적
환경파괴	→	환경친화적
복잡, 거대	→	단순, 소규모
기술 발전	→	삶의 질 향상
가치와 편익의 집중	→	가치와 편익의 나눔

- 따뜻한 자본주의
- 정보통신기술 발전
- 거대기술의 위험과 기술 민주주의
- MDG, 지속가능한 발전
- 기업의 사회적 책임
- 사회적 경제

47 기술선택능력 산업재산권의 종류 파악하기

| 정답 | ③

| 해설 | B 회사가 모방한 것은 A 회사 의류의 형상 · 모양에 해당하므로 디자인권 침해에 해당한다. 디자인권은 물품의 형상 · 모양 · 색채 등에 의한 외형(外形)의 디자인을 대상으로 한다.

| 오답풀이 |

① 상표권은 회사가 자사제품의 신용을 유지하기 위해 제품이나 포장 등에 표시하는 상호나 마크에 관한 산업재산권이다.

② 특허권은 자연법칙을 이용한 기술적 사상(idea)의 창작으로서 기술 수준이 높은 것에 해당하는 산업재산권이다.

④ 실용신안권은 기술적 창작 수준이 소발명 정도인 실용적인 창작을 보호하기 위한 산업재산권이다.

⑤ 저작권은 저작물이나 컴퓨터 프로그램 등 문화영역을 보호한다. 발명, 고안, 디자인, 상표 등 산업영역을 보호하는 산업재산권과는 차이가 있다.

48 기술이해능력 보호구 이름 바로 알기

| 정답 | ③

| 해설 | 물체가 흩날릴 위험이 있는 작업에는 '보안경'을 착용해야 한다. 방열복은 ㉦에 해당한다.

49 기술선택능력 기술능력 향상방법 이해하기

| 정답 | ③

| 해설 | A와 D는 전문 연수원을 통한 기술교육을 선호하고 있으며, B와 E는 e-Learning을, C는 상급학교 진학을 통한 기술교육을 선호하고 있다. C는 첫 번째 발언에서 대학원에 진학하고 싶다고 하였는데 두 번째 발언에서 상급학교를 통한 기술교육이 인적 네트워크 형성에 도움이 되고 e-Learning처럼 학습을 스스로 조절하거나 통제할 수 있다고 하였다. 하지만 대학원의 경우 수업시간이 정해져 있고 정해진 학기를 다녀야 하므로 학습을 스스로 조절하거나 통제하기가 어렵다. 따라서 잘못된 설명을 한 사람은 C이다.

50 기술이해능력 산업재해의 원인 이해하기

| 정답 | ②

| 해설 | 산업재해의 직접적 원인이 되는 불안전한 상태로는 시설물 자체의 결함, 안전 보호 장치의 결함 등이 있는데, 이를 제거하기 위해서는 각종 기계나 설비 등의 안전성을 보장하도록 제작하고, 그 유지 관리를 철저히 하는 등의 사전적 예방조치를 요구한다. 현장 담당자를 처벌하는 징벌적 조치로는 직접적 원인을 모두 제거할 수 없다.

6회 기출예상문제

문제 192쪽

01	②	02	②	03	③	04	④	05	②
06	④	07	③	08	①	09	③	10	②
11	①	12	③	13	④	14	④	15	④
16	④	17	④	18	①	19	④	20	④
21	④	22	②	23	④	24	④	25	①
26	④	27	④	28	④	29	②	30	④
31	③	32	①	33	②	34	④	35	④
36	③	37	②	38	②	39	③	40	②
41	①	42	④	43	②	44	②	45	③
46	④	47	③	48	④	49	②	50	③

01 문서작성능력 문서 작성 시 고려사항 이해하기

| 정답 | ②

| 해설 | 문서 작성 시 대상, 목적, 시기가 포함되어야 하며 기획서나 제안서 등 경우에 따라 기대효과 등이 포함되어야 한다.

02 경청능력 경청의 올바른 자세 이해하기

| 정답 | ②

| 해설 | ㉠ 상대를 정면으로 마주하는 자세는 그와 함께 의논할 준비가 되었음을 알리는 자세이다.

㉢ 상대방을 향하여 상체를 기울여 다가앉은 자세는 자신이 열심히 듣고 있다는 것을 강조하는 것이다.

㉣ 손이나 다리를 꼬지 않는 소위 개방적 자세를 취하는 것은 상대에게 마음을 열어 놓고 있다는 표시이다.

| 오답풀이 |

㉡ 꼿꼿한 자세보다는 비교적 편안한 자세를 취하는 것이 전문가다운 자신만만함과 편안한 마음을 상대방에게 전하는 행동이다.

㉤ 우호적인 눈의 접촉을 통해 자신이 관심을 가지고 있다는 사실을 알리게 된다.

03 의사표현능력 효과적인 설득기법 이해하기

| 정답 | ③

| 해설 | 김 과장은 원하는 연봉 인상의 정도는 15%이나 처음에 20%의 인상을 요청하여 거절을 유도한 뒤 상대의 미안함을 이용하여 결국 자신이 목표했던 15%의 인상을 달성하였다. 이는 '얼굴 부딪히기 기법'으로 처음에 상대방에게 대단히 큰 요구를 해서 거절을 당한 뒤 처음보다 작은 요구를 연달아 하여 상대방의 미안한 마음을 자극해 수락하도록 하는 설득기법이다.

04 문서작성능력 알맞은 속담 고르기

| 정답 | ④

| 해설 | '암탉이 울면 집안이 망한다'는 속담은 날이 샜다고 울어야 할 수탉이 제구실을 못해 암탉이 울면 집안이 망한다는 뜻으로, 가정에서 아내가 남편을 제쳐 놓고 떠들며 간섭하면 집안일이 잘 안 된다는 말이다. 이 외에 침묵의 가치를 높게 표현하는 속담으로는 '눈은 크게 뜨고 입은 다물어야 한다', '가만히 있으면 중간이라도 간다' 등이 있다.

| 오답풀이 |

① 내막을 잘 알고 덤비는 상대는 이길 수 없음을 이르는 말이다.

② 어떤 일이든 가장 급하고 필요한 사람이 그 일을 서둘러 하게 되어 있다는 말이다.

③ 천성이 어질고 착한 사람은 주변의 악한 것에 물들지 않음을 비유적으로 이르는 말이다.

05 문서이해능력 화석의 생성 과정 이해하기

| 정답 | ②

| 해설 | 먼저 바다에 살던 삼엽충이 죽어 바다에 가라앉으면(ⓑ) 죽은 삼엽충 위로 퇴적물이 계속 쌓여 오랜 시간이 지나 삼엽충이 화석으로 변한다(ⓒ). 이후 지각 변동으로 인해 땅 위로 올라온 퇴적층이 침식 작용에 의해 깎이면서 화석이 드러나게 되고(ⓓ) 삼엽충 화석이 발견된다(ⓐ). 따라서 화석이 생성되는 과정은 ⓑ → ⓒ → ⓓ → ⓐ이다.

06 문서이해능력 글을 읽고 내용 추론하기

| 정답 | ④

| 해설 | 삼엽충은 바다에서 많이 번성한 절지동물이라고 하였으므로 강원도 태백시의 삼엽충 화석이 발견된 지역이 옛날에는 바다였을 것임을 추론할 수 있다.

| 오답풀이 |

①, ③ 제시된 글을 통해서는 추론할 수 없다.

② 강원도 태백시에서 삼엽충 화석이 많이 발견되었다고 했을 뿐 삼엽충 화석이 이 지역에만 분포한다는 것은 아니다.

07 의사표현능력 비언어적 의사소통 이해하기

| 정답 | ③

| 해설 | 제스처의 경우 문화권에 따라 의미가 다르게 해석될 수 있다. 예를 들어 엄지를 드는 동작이 한 문화권에서는 좋다는 뜻을 나타내지만 다른 문화권에서는 모욕적인 표현이 된다.

08 문서작성능력 이어질 내용 추론하기

| 정답 | ①

| 해설 | 제시된 글에서는 현대에 이르러 유례 없이 빨라진 언어의 소멸에 대해 화두를 제시하며 언어의 소멸 단계를 자세히 서술하고 있다. 또한 글의 서두에서 많은 학자들이 언어의 보존에 많은 힘을 쏟아야 한다고 주장하고 있음을 언급하였다. 따라서 글의 뒷부분에는 언어의 멸종을 막아야 하는 이유에 대한 내용이 이어지는 것이 가장 적절하다.

09 문서작성능력 문맥에 맞게 빈칸 채우기

| 정답 | ③

| 해설 | 세계화는 세계 여러 나라가 정치, 경제, 사회, 문화, 과학 등 다양한 분야에서 서로 많은 영향을 주고받으면서 교류가 많아지는 현상을 말하며, 이러한 세계화로 인해 새

로운 행동 양식을 받아들이게 됨에 따라 본래 있던 언어의 소멸이 이루어지고 있다고 하였다. 따라서 ㉠에는 '이질적인'이 들어가는 것이 적절하다.

10 경청능력 올바른 경청 습관 가지기

| 정답 | ②

| 해설 | 높은 점수를 받을수록 경청 습관이 좋다고 했으므로 올바른 경청 습관에 해당하는 문항(1, 5, 6, 7, 8, 10)에 O를 체크했을 경우, 올바르지 않은 경청 습관에 해당하는 문항(2, 3, 4, 9)에 X를 체크했을 경우에 점수가 주어지게 된다. 따라서 A는 3, 4, 5, 6, 8, 10번 문항에서 점수를 받아 총 60점을 얻게 된다.

11 기초통계능력 지각할 확률 구하기

| 정답 | ①

| 해설 | 수요일에 비가 올 확률을 계산하면 다음과 같다.

- 월요일 비○ – 화요일 비○ – 수요일 비○ : $0.4\times0.4=0.16$
- 월요일 비○ – 화요일 비× – 수요일 비○ : $0.6\times0.3=0.18$

수요일에 비가 올 확률은 $0.16+0.18=0.34$이고, 비가 오지 않을 확률은 $1-0.34=0.66$이다. 따라서 수요일에 A가 지각할 확률은 $0.34\times0.7+0.66\times0.1=0.238+0.066=0.304$이다.

12 도표분석능력 그래프 해석하기

| 정답 | ③

| 해설 | 연도별 전년 대비 비용 증감률을 구하면 다음과 같다.

구분	전년 대비 비용 증감률(%)
20X4년	$\frac{165,000-180,000}{180,000}\times100 ≒ -8.3(\%)$
20X5년	$\frac{190,000-165,000}{165,000}\times100 ≒ 15.2(\%)$
20X6년	$\frac{184,300-190,000}{190,000}\times100 = -3(\%)$
20X7년	$\frac{166,300-184,300}{184,300}\times100 ≒ -9.8(\%)$
20X8년	$\frac{178,000-166,300}{166,300}\times100 ≒ 7.0(\%)$
20X9년	$\frac{173,000-178,000}{178,000}\times100 ≒ -2.8(\%)$

전년 대비 비용 증감률의 절댓값이 가장 컸던 해는 20X5년으로, 이는 비용이 가장 많았던 해이다.

| 오답풀이 |

① 연도별 이익과 전년 대비 이익 증감률을 구하면 다음과 같다.

구분	이익(만 원)	전년 대비 이익 증감률(%)
20X3년	240,000−180,000 =60,000	−
20X4년	250,000−165,000 =85,000	$\frac{85,000-60,000}{60,000}\times100$ ≒41.7(%)
20X5년	255,000−190,000 =65,000	$\frac{65,000-85,000}{85,000}\times100$ ≒−23.5(%)
20X6년	244,000−184,300 =59,700	$\frac{59,700-65,000}{65,000}\times100$ ≒−8.2(%)
20X7년	230,000−166,300 =63,700	$\frac{63,700-59,700}{59,700}\times100$ ≒6.7(%)
20X8년	240,000−178,000 =62,000	$\frac{62,000-63,700}{63,700}\times100$ ≒−2.7(%)
20X9년	230,000−173,000 =57,000	$\frac{57,000-62,000}{62,000}\times100$ ≒−8.1(%)

이익이 가장 많았던 해는 20X4년으로, 전년 대비 이익 증감률의 절댓값도 가장 크다.

② 이익이 가장 적었던 해는 20X9년으로, 전년 대비 비용 증감률의 절댓값도 가장 작다.

④ 연도별 전년 대비 매출 증감률을 구하면 다음과 같다.

구분	전년 대비 매출 증감률(%)
20X4년	$\frac{250,000-240,000}{240,000}\times 100 \fallingdotseq 4.2(\%)$
20X5년	$\frac{255,000-250,000}{250,000}\times 100 = 2(\%)$
20X6년	$\frac{244,000-255,000}{255,000}\times 100 = -4.3(\%)$
20X7년	$\frac{230,000-244,000}{244,000}\times 100 \fallingdotseq -5.7(\%)$
20X8년	$\frac{240,000-230,000}{230,000}\times 100 \fallingdotseq 4.3(\%)$
20X9년	$\frac{230,000-240,000}{240,000}\times 100 \fallingdotseq -4.2(\%)$

전년 대비 매출 증감률의 절댓값이 가장 컸던 해는 20X7년으로, 매출이 가장 많았던 해가 아니다. 매출이 가장 많았던 해는 20X5년이다.

13 기초연산능력 도형 개수 파악하기

| 정답 | ④

| 해설 | 평행사변형을 이루는 칸의 개수를 나누어 세면 다음과 같다.

- 한 칸으로 구성되는 평행사변형의 개수 : 15개
- 두 칸으로 구성되는 평행사변형의 개수 : 22개
- 세 칸으로 구성되는 평행사변형의 개수 : 14개
- 네 칸으로 구성되는 평행사변형의 개수 : 14개
- 다섯 칸으로 구성되는 평행사변형의 개수 : 3개
- 여섯 칸으로 구성되는 평행사변형의 개수 : 10개
- 여덟 칸으로 구성되는 평행사변형의 개수 : 4개
- 아홉 칸으로 구성되는 평행사변형의 개수 : 3개
- 열 칸으로 구성되는 평행사변형의 개수 : 2개
- 열두 칸으로 구성되는 평행사변형의 개수 : 2개
- 열다섯 칸으로 구성되는 평행사변형의 개수 : 1개

따라서 크고 작은 평행사변형은 모두 15+22+14+14+3+10+4+3+2+2+1=90(개)이다.

14 기초연산능력 복리 상품 계산하기

| 정답 | ④

| 해설 | 원금을 P원, 이자가 연이율 $R\%$의 복리로 지급된다고 할 때 1년 뒤의 예금액은 $P(1+R)$원이다.

원금 P원에서 연이율 2%의 복리로 1년 동안 지급된다고 할 때 1년 뒤의 예금액은 $1.02P$원이다. 여기서 다음 1년 동안에는 연이율 2.2%의 복리로 지급된다고 하였으므로 다음 1년 뒤의 예금액은 $(1.02P\times 1.022)$원이다. 여기에서 마지막 1년 동안에는 연이율 2.5%의 복리로 지급된다고 하였으므로 3년 만기가 되었을 때의 예금액은 $(1.02P\times 1.022\times 1.025)$원이 된다.

3년 만기 후의 예금액이 1,000만 원 이상이 되어야 하므로

$1.02P\times 1.022\times 1.025 \geq 1,000$(만 원)

$P \geq \frac{1,000}{1.02\times 1.022\times 1.025} \fallingdotseq 935.9$(만 원)

따라서 3년 뒤 통장 잔액이 1,000만 원 이상이 되기 위해 예금해야 할 최소금액은 936만 원이다.

15 기초연산능력 방정식 활용하기

| 정답 | ④

| 해설 | 구입한 노트북을 x대라 하면 컴퓨터는 $(10-x)$대 구입한 것이므로 다음과 같은 식이 성립한다.

$150x+180(10-x)=1,560$(만 원)

$150x+1,800-180x=1,560$(만 원)

$30x=240$(만 원)

$\therefore\ x=8$(대)

따라서 구입한 노트북은 8대, 컴퓨터는 2대이다.

16 도표분석능력 자료의 수치 분석하기

| 정답 | ④

| 해설 | 배송 점수에 50%의 가산점을 부여할 때, 각 온라인 쇼핑몰의 총점은 다음과 같다.

- A : 90+(86×1.5)+93+80=392(점)
- B : 92+(90×1.5)+85+86=398(점)
- C : 94+(80×1.5)+91+85=390(점)

따라서 B−C−A였던 순위가 B−A−C로 변동한다.

| 오답풀이 |

① 각 온라인 쇼핑몰의 총점은 A는 349점, B는 353점, C는 350점으로 B의 총점이 가장 높다.

② 배송과 불만처리 응대 점수의 합계는 A가 179점으로 가장 높다.

③ 품질 점수에 50%의 가산점을 부여하면 A는 $90\times1.5+86+93+80=394$(점), B는 $92\times1.5+90+85+86=399$(점), C는 $94\times1.5+80+91+85=397$(점)으로 B의 점수가 가장 높다.

17 도표분석능력 자료의 수치 분석하기

| 정답 | ④

| 해설 | 2020년의 전년 대비 5개 지역 고구마 총생산량 증감률은 $\frac{294,963-313,195}{313,195}\times100\fallingdotseq-5.8$(%)이다.

| 오답풀이 |

① 고구마 생산량이 증가한 지역은 A와 E 지역이다.

② 2020년 대비 2021년 감자, 고구마의 E 지역 총생산량은 37,498톤에서 39,184톤으로 증가하였다.

③ 지역별 2020년 대비 2021년 감자 생산량 증감률을 구하면 다음과 같다.

- A 지역 : $\frac{48,411-71,743}{71,743}\times100\fallingdotseq32.5$(%)
- B 지역 : $\frac{63,391-89,617}{89,617}\times100\fallingdotseq-29.3$(%)
- C 지역 : $\frac{5,049-5,219}{5,219}\times100\fallingdotseq-3.2$(%)
- D 지역 : $\frac{14,807-18,503}{18,503}\times100\fallingdotseq-20$(%)
- E 지역 : $\frac{7,893-9,007}{9,007}\times100\fallingdotseq-12.4$(%)

따라서 A 지역 증감률의 절댓값이 가장 크다.

18 도표작성능력 표를 그래프로 변환하기

| 정답 | ①

| 해설 | 각주에 제시된 '운수업 내 물류산업 비중' 계산식을 활용하여 계산하면 ㉠에 들어갈 값은 $\frac{596-10}{1,154}\times100\fallingdotseq50.8$(%)이다.

19 도표분석능력 빈칸에 들어갈 수치 계산하기

| 정답 | ④

| 해설 | ㉠ ~ ㉣에 들어갈 수치를 계산하면 다음과 같다.

㉠ $1,813-584=1,229$

㉡ $37,380-40,801=-3,421$

㉢ $28,313-0=28,313$

㉣ $-149,547-(-143,682)=-5,865$

20 도표분석능력 자료를 바탕으로 수치 계산하기

| 정답 | ④

| 해설 | (가) ~ (다)에 들어갈 수치를 계산하면 다음과 같다.

(가) : $\frac{-1,180}{1,684}\times100\fallingdotseq-70.1$(%)

(나) : $\frac{-1,104}{1,240}\times100\fallingdotseq-89.0$(%)

(다) : $\frac{-706}{1,751}\times100\fallingdotseq-40.3$(%)

21 사고력 사고능력 이해하기

| 정답 | ④

| 해설 | 시네틱스(Synetics) 기법에 대한 설명으로, 서로 관련이 없어 보이는 것들을 조합하여 새로운 것을 도출해 내는 집단 아이디어 발상법이다.

| 오답풀이 |

① PMI 기법 : 여러 가지 아이디어를 평가하여 하나를 골라내는 방법으로, 각각의 아이디어에서 좋은 점, 나쁜 점, 흥미로운 점을 찾아 가장 알맞은 아이디어를 선택한다.

② 연꽃 기법 : 브레인스토밍, 마인드매핑과 같이 인간의 두뇌 활용을 극대화하는 사고 및 학습 기법의 일종으로, 활짝 핀 연꽃 모양으로 아이디어를 다양하게 발상해 나가는 데 도움을 주는 사고기법이다.

③ 육색 사고 모자 기법 : 중립적, 감정적, 부정적, 낙관적, 창의적, 이성적 사고를 뜻하는 여섯 가지 색깔의 모자를 차례대로 바꾸어 쓰면서 모자 색깔이 뜻하는 유형대로 생각해 보는 방법이다.

22 사고력 브레인스토밍 이해하기

| 정답 | ②

| 해설 | 제시된 내용은 브레인스토밍에 대한 설명이다. 브레인스토밍은 미국의 알렉스 오즈번이 고안한 그룹 발상 기법으로, 창의적인 사고를 위한 발상 방법 중 가장 흔히 사용되는 방법이다. 브레인스토밍 활용 시에는 구성원들이 다양한 의견을 제시할 수 있는 편안한 분위기를 만들 리더를 산출해야 하는데, 직급이나 근무경력에 따라서 리더를 선출하는 것은 딱딱한 분위기를 만들 수 있으므로 직급에 관계없이 선출해야 한다.

23 문제처리능력 문제해결방법 이해하기

| 정답 | ④

| 해설 | ㉠ 소프트 어프로치에 대한 설명이다. 소프트 어프로치란 대부분의 기업에서 볼 수 있는 전형적인 문제해결방법으로, 직접적인 표현이 아닌 시사나 암시를 통해 의사를 전달하고 감정을 서로 통하게 함으로써 문제해결을 도모하는 방법이다.

㉡ 하드 어프로치에 대한 설명이다. 하드 어프로치는 서로의 생각을 직설적으로 주장하고 논쟁이나 협상을 통해 의견을 조정해 가는 방법이다. 사실과 원칙에 근거한 토론으로 해결방법을 도모한다.

| 오답풀이 |

퍼실리테이션은 촉진을 의미하며 집단의 의사결정을 잘하도록 도와주는 것으로, 조직이 어떤 방향으로 나아갈지를 알려 주고 주제에 대한 공감을 이룰 수 있도록 도움을 준다.

24 사고력 점수표로 추론하기

| 정답 | ④

| 해설 | 박 대리가 받을 수 있는 점수는 18점, 20점, 22점, 24점, 26점, 28점, 30점으로 짝수이다.

| 오답풀이 |

① 박 대리와 김 대리가 5점을 맞힌 화살의 개수는 같으므로, 더 많은 화살을 3점에 맞힌 김 대리가 이기게 된다. 따라서 인사팀장이 영업팀 직원들에게 커피를 사야 한다.

② 박 대리와 김 대리가 5점을 맞힌 화살의 개수는 같으므로, 3점을 맞힌 화살 개수는 1개 차이가 난다. 따라서 3점 차이이다.

③ 김 대리가 남은 7개의 화살을 모두 3점에 맞힌 경우 최소 21점을 받을 수 있다.

25 사고력 조건에 따라 추론하기

| 정답 | ①

| 해설 | 제시된 조건을 바탕으로 음식에 따라 좋아하는 사람을 정리하면 다음과 같다.

햄버거(3)	피자(2)	짬뽕(1)	떡볶이(2)
B, C, D	A, D	C	A, B

따라서 떡볶이를 좋아하는 사람은 A, B이다.

26 사고력 문제의 유형 파악하기

| 정답 | ④

| 해설 | ㄱ과 ㄷ은 설정형 문제로 '앞으로 어떻게 할 것인가'에 대한 문제이다. 미래지향적인 과제와 목표를 설정함에 따라 발생하는 문제를 말하고 있어 미래에 대응하는 경영전략 문제라고도 한다.

| 오답풀이 |

ㄴ은 최근 몇 년간 공항 이용객의 급격한 증가로 출국대기시간 연장 등 혼잡이 이미 발생하였으므로 발생형 문제에 해당한다.

27 문제처리능력 SWOT 이해하기

| 정답 | ④

| 해설 | S, W, O, T를 분류하면 다음과 같다.

(가) 고령화에 따른 의료비 지출 증가 – O

(나) 타 상위 제약사 대비 부족한 신약 파이프라인 보유량 및 소극적 투자 – W

(다) 전문의약품, 일반의약품, 원료의약품 등 다양한 사업 영역 – S

(라) 보험급여기준의 변화로 ㈜AA가 해외에서 수입한 신약의 처방 확대 가능성 – O

(마) 풍부한 현금을 바탕으로 R&D 투자 및 사업 확대 가능성 보유 – S

(바) 국내외 정부의 약값 인하 정책 추진 – T

(사) 기존 상품에 대한 지나치게 높은 매출 비중 – W

(아) 경쟁제약사의 적극적인 신약 파이프라인 확대 및 공개 – T

따라서 위기(T)에 해당하는 것은 (바)와 (아)이다.

28 문제처리능력 SWOT 적용하기

| 정답 | ④

| 해설 | SWOT 분석을 통해 SO, ST, WO, WT 전략을 세울 수 있다.

ㄱ. 대규모 자금을 이용한(S) 파이프라인 R&D에 대한 투자 및 사업 확보(T)

ㄴ. 노인성 질환 관련 치료제(O)에 대한 약값 인하 정책 홍보(T)

ㄷ. 보험적용이 가능한 신약의 수입 확대(O)와 판로 확보·확대를 위한 마케팅(S)

따라서 SWOT 분석을 통한 적절한 전략은 ㄱ의 ST 전략과 ㄷ의 SO 전략이다.

29 문제처리능력 문제의 원인 분석하기

| 정답 | ②

| 해설 | 배차가 10분 간격이지만 정체로 인해 늦어질 경우 늦은 시간만큼 승객이 많아져서 타고 내리는 시간도 늘어나 만족도가 낮아지는 악순환이 반복되고 있다. 이에 대해 마지막 단락에서는 버스 운행 규정을 바꾸어 적용하자고 언급하고 있으므로 원인은 '유연하지 못한 버스 운행 규정'이 된다.

30 문제처리능력 pH 분석하기

| 정답 | ④

| 해설 | 대전 빗물은 5.8pH, 대구 빗물은 4.8pH이므로 대전 빗물의 pH가 1 높아 수소이온농도는 $\frac{1}{10}$배가 된다.

31 시간관리능력 파레토 법칙 이해하기

| 정답 | ③

| 해설 | 파레토 법칙은 전체 성과의 80%는 소수의 요소인 20%에 의존한다는 법칙이다. 따라서 매출액의 대부분이 제품의 80%에 의해 나온다는 ③은 적절한 사례가 아니다.

32 시간관리능력 시간의 낭비원인 이해하기

| 정답 | ①

| 해설 | 우선순위 없이 일을 하거나, 충분하지 않은 권한위양 혹은 권한위양한 일을 적절하게 관리하지 않거나, 회의나 타협에 대한 준비가 불충분하여 회의가 연장되게 하거나 의사결정이 지연되게 하는 것 등은 직장에서의 시간 낭비 사례에 해당한다.

33 시간관리능력 SMART 법칙 이해하기

| 정답 | ②

| 해설 | 추상적인 '영어 실력을 높인다'보다 '하루에 단어 열 개를 외운다'와 같이 목표를 달성한 정도나 분량 등을 구체적으로 파악할 수 있도록 수치화, 객관화된 목표를 설정하는 것은 SMART 법칙의 'M'에 해당하는 Measurable(측정 가능한)에 관한 내용이다.

| 오답풀이 |

① SMART 법칙의 'S'에 해당하는 Specific(구체적인)은 '이 분야의 최고가 된다'와 같은 불분명한 목표 설정을 피하고 '자격증을 취득한다'와 같이 구체적이고 명확한 목표를 설정해야 한다는 것을 의미한다. SMART 법칙의 'M'에 해당하는 Measurable(측정 가능한)은 목표를 구체적으로 설정한다는 점에서는 그 맥락이 일치하나 목표 그 자체보다는 목표 달성 분량을 측정할 수 있게 수치화 하는 것에 초점을 맞춘다는 점에서 Specific과는 구분되는 개념이다.

③ SMART 법칙의 'A'에 해당하는 Achievable(달성 가능한)은 무형적인 목표가 아닌 행동을 통해 성취가 가능한 목표를 가지고 있어야 한다는 것을 의미한다. '친절한 사람이 되겠다'보다 '이웃들에게 매일 인사하기'와 같이 행동 중심적인 목표로 나타내는 것이 좋다.

④ SMART 법칙의 'R'에 해당하는 Realistic(현실성 있게)은 목표 달성의 기준점을 현실적으로 가능한 수준으로 설정해야 한다는 것을 의미한다. 육상선수가 아닌 사람이 목표를 '내일 트랙에 나가서 100m를 9.5초 안에 주파한다'로 설정하는 것보다는 자신의 현재 상태를 성찰하고 '내일 조깅 3km를 뛴다'와 같이 설정하는 것이 더욱 바람직한 목표 설정인 것이다.

34 인적자원관리능력 사무업무 이해하기

| 정답 | ④

| 해설 | 발표에 있어서의 비언어적 요소는 발표의 내용 자체 이외에 발표에 영향을 미치는 복장, 제스처, 시선 등의 시각적 요소를 의미한다. 발표할 때의 발음과 목소리, 어투 등의 청각적 요소는 반언어적 요소에 해당한다.

35 시간관리능력 시차 계산하기

| 정답 | ④

| 해설 | 각 지사의 근무시간과 점심시간을 한국 본사를 기준으로 정리하면 다음과 같다.

구분	근무시간	점심시간
한국 본사	10 : 00 ~ 19 : 00	13 : 00 ~ 14 : 00
A 지사	16 : 30 ~ 다음 날 01 : 30	20 : 00 ~ 21 : 00
B 지사	10 : 30 ~ 19 : 30	13 : 00 ~ 14 : 00
C 지사	13 : 30 ~ 22 : 30	16 : 30 ~ 17 : 30

시간	16 : 00 ~ 16 : 30	16 : 30 ~ 17 : 00	17 : 00 ~ 17 : 30	17 : 30 ~ 18 : 00	18 : 00 ~ 18 : 30	18 : 30 ~ 19 : 00
한국 본사					마감 전 1시간	
A 지사	근무 전 ~ 시작 후 30분					마감 전 1시간
B 지사						
C 지사		점심시간				

따라서 한국 본사와 A ~ C 지사가 모두 회의를 시작할 수 있는 시간은 한국 시각 기준 17 : 30 ~ 18 : 00이므로 선택지 중에서 17 : 40에 한국 본사와 A ~ C 지사가 모두 회의를 시작할 수 있다.

| 오답풀이 |

① A 지사의 근무시간 전이므로 적절하지 않다.

② A 지사의 근무시작 후 30분 이내, C 지사의 점심시간에 해당하므로 적절하지 않다.

③ C 지사의 점심시간에 해당하므로 적절하지 않다.

36 예산관리능력 업체 선정하기

| 정답 | ③

| 해설 | 점수 산정 기준에 따라 각 입찰업체의 점수를 매기면 다음과 같다.

평가항목 \ 업체	가	나	다	라	마
실적평가	3	1	3	5	1
경영평가	3	5	3	1	1
수행능력평가	4	5	5	3	5
점수 합계	10	11	11	9	7

따라서 점수 합계가 가장 높은 나, 다 업체 중 수행능력 평가 점수가 더 높은 다 업체가 선정된다.

37 예산관리능력 우선순위에 따라 업체와 품목 선정하기

| 정답 | ②

| 해설 | 직원 선호도 순위와 단체복 주문 시 제품별 업체별 총금액은 다음과 같다.

품목	직원 선호도 순위	A 업체 (원)	B 업체 (원, 10% 할인)
라운드넥 티셔츠	3	600,000	585,000
칼라넥 티셔츠	2	700,000	787,500
집업 점퍼	1	1,100,000	900,000
플리스 점퍼	4	1,250,000	990,000

직원 선호도 순위를 최우선으로 고려하여 선정해야 하나, 다음 순위 품목의 총구매금액이 우선 품목 대비 20% 이상 저렴한 경우에는 다음 순위 품목을 선정한다. 직원 선호도가 두 번째인 칼라넥 티셔츠의 가격을 살펴보면 A 업체의 칼라넥 티셔츠는 집업 점퍼 대비 $\frac{700,000}{1,100,000}\times 100 ≒ 63.6$(%)로 약 36%가 저렴하고, B 업체의 칼라넥 티셔츠는 집업 점퍼 대비 $\frac{787,500}{900,000}\times 100 = 87.5$(%)로 약 13%가 저렴하다. 따라서 K 사원은 A 업체의 칼라넥 티셔츠를 최종 선정한다.

38 인적자원관리능력 규칙에 맞게 근무지 배치하기

| 정답 | ②

| 해설 | 희망 근무지로 서울을 선택한 직원은 가, 차, 타 직원이며 한 근무지당 2명의 직원만 배치되어야 하므로 1명은 서울로 배치될 수 없다. 고속전호 업무를 하는 차 직원과 타 직원이 우선 배치되어야 하는데, 이때 한 근무지에 배치된 직원들은 업무분야가 달라야 하고 분야가 동일할 경우 경력이 많은 순으로 우선 배치하므로 타 직원이 서울로 배치된다. 따라서 서울에 배치되는 직원은 가 직원과 타 직원이다. 희망 근무지로 경기도를 선택한 직원은 라, 사, 자 직원이며 마찬가지로 1명은 경기도로 배치될 수 없다. 고속전호 업무를 하는 라 직원이 우선 배치되고, 다음으로 입환유도 업무를 하는 사 직원과 자 직원 중 경력이 더 많은 사 직원이 배치된다. 따라서 경기도에 배치되는 직원은 라 직원과 사 직원이다.

39 인적자원관리능력 변경된 규칙에 맞게 근무지 배치하기

| 정답 | ③

| 해설 | 희망 근무지로 강원도를 선택한 나, 다 직원과 제주도를 선택한 마 직원은 희망근무지에 그대로 배치된다. 부산을 희망 근무지로 선택한 바, 아, 카 직원은 모두 동일 업종이므로 이 중 가장 경력이 많은 카 직원이 배치되며 서울과 경기도에는 앞 문제와 동일하게 각각 가, 타 그리고 라, 사 직원이 배치된다. 남은 직원들은 희망자가 미달인 제주도(1명), 부산(1명), 광주(2명)에 배치된다. 우선 배치 업무분야에 따라 입환유도 업무를 하는 자 직원이 남은 세 지역 중 가장 평점이 높은 광주에 배치된다. 다음으로 구내운전 업무를 하는 바 직원(경력 4년)과 아 직원(경력 2년) 중 경력이 적은 아 직원이 우선 배치되어야 하는데, 먼저 광주에 배치된 자 직원의 경력이 4년 미만이므로 아 직원은 광주에 배치될 수 없다. 그다음으로 평점이 높은 부산에는 같은 업무분야 직원이 배치되어 있으므로 아 직원은 제주도에 최종 배치된다. 이어 바 직원은 광주에 배치되고, 차 직원은 부산에 배치된다. 최종 배치된 근무지를 정리하면 다음과 같다.

직원	근무지	직원	근무지
가	서울	사	경기도
나	강원도	아	제주도
다	강원도	자	광주
라	경기도	차	부산
마	제주도	카	부산
바	광주	타	서울

따라서 마 직원과 같은 근무지에 배치되는 직원은 아 직원이다.

40 시간관리능력 일정 수립하기

| 정답 | ②

| 해설 | 금요일 오전을 기준으로 총무팀 나 대리의 결혼식이 7일이 남았으므로 결혼식은 다음 주 금요일에 열리며, 그 외에 나 대리와 김 대리의 일정에 따라 결정되는 이 주임의 일정을 제외한 총무팀 직원들의 다음 주 일정을 정리하면 다음과 같다.

구분	월	화	수	목	금	토
오전		보고자료 정리 (정 대리) 사외 교육일정 (김 과장)	임원회의 (총무팀장, 김 과장)		결혼식 (나 대리)	
오후						

따라서 이 주임의 등기소 일정은 월요일에 진행하는 것이 가장 적절하며, 플레이샵은 수요일 오후에 출발하여 목요일까지의 1박 2일로 계획할 수 있다.

41 기술이해능력 기술시스템의 발전 단계 알기

| 정답 | ①

| 해설 | 기술시스템의 발전 단계는 다음과 같다.

- 1단계 : 발명 · 개발 · 혁신의 단계
- 2단계 : 기술 이전의 단계
- 3단계 : 기술 경쟁의 단계
- 4단계 : 기술 공고화 단계

4단계인 기술 공고화 단계에서는 경쟁에서 승리한 최종 기술시스템의 관성화가 일어난다.

42 기술선택능력 기술 습득의 다양한 방법 알기

| 정답 | ④

| 해설 | OJT(On the Job Training)란 조직 안에서 피교육자인 종업원이 업무수행의 중단 없이 직무에 종사하면서 업무수행에 필요한 지식, 기술, 능력, 태도를 교육훈련 받는 방법으로 직장훈련, 직장지도, 직무상 지도라고도 한다. 직장 내에서 이뤄지기 때문에 시간 낭비가 적으며 조직의 필요에 합치되는 교육을 받을 수 있다는 장점이 있다.

| 오답풀이 |

가. 상급학교 진학을 통한 기술교육

다. e-learning을 활용한 기술교육

라. 전문 연수원을 통한 기술과정 연수

43 기술능력 산업재해의 예방과 대책 이해하기

| 정답 | ②

| 해설 | 산업재해 예방안의 개선안에 따르면 사고조사의 정도가 수사 · 처벌에 그치지 않고 해당 조직의 관행 및 구조까지 개선되도록 패러다임이 전환되었음을 알 수 있다.

| 오답풀이 |

① 책임대상을 사업주 중심에서 원청 · 발주자까지 확대하여 책임을 강화하는 방안이다.

③ 산업재해 보호범위를 기존 근로자 대상에서 특수형태근로종사자까지 확대하는 방안이다.

④ 노동자의 산업재해 보호범위를 신체뿐 아니라 정신건강까지 확대하는 방안이다.

44 기술선택능력 벤치마킹의 종류 이해하기

| 정답 | ②

| 해설 | 제시된 글의 내용은 S 커피숍 기업 내의 한국지사에서 시작한 시스템을 같은 기업의 미국 본사와 캐나다, 홍콩지사 등이 도입한 내부 벤치마킹의 사례에 해당한다.

| 오답풀이 |

① 내부 벤치마킹은 같은 기업 내의 사례를 참고하는 것이므로 벤치마킹을 위한 자료의 수집이 용이하다는 장점이 있으나, 외부 기업의 사례를 벤치마킹하는 것에 비하여 상대적으로 내부에 편중된 관점에서의 벤치마킹이 이루어질 수 있어 관점의 다양성이 다소 부족할 수 있다는 단점이 있다.

45 기술선택능력 벤치마킹의 특징 이해하기

| 정답 | ③

| 해설 | 제시된 글의 벤치마킹은 외식창업에 관하여 타 국가인 대만에서의 동일업종인 야시장을 벤치마킹하는 글로벌 벤치마킹에 해당한다. 글로벌 벤치마킹은 동일업종이면서 다른 국가에 속하여 직접 경쟁하지 않는 비경쟁적 기업을 대상으로 하여 접근 및 자료 수집이 용이하고, 그만큼 기술의 습득이 상대적으로 용이하다. 다만 다른 국가의 시장에 작용하는 문화 및 제도적인 차이를 검토하지 않으면 잘못된 분석결과가 발생할 가능성이 높다.

한편 대상의 적대적인 태도로 자료 수집이 어려울 수 있다는 것은 경쟁적 벤치마킹에 대한 설명이다. 글로벌 벤치마킹은 동일한 업종에 속하면서 시장 내에서 직접 경쟁대상이 되지 않는 외국의 사례를 벤치마킹한다는 점에서 경쟁적 벤치마킹에 비해 대상의 적대적인 태도가 나타날 가능성이 낮다는 장점이 있다.

46 기술선택능력 벤치마킹 이해하기

| 정답 | ④

| 해설 | 벤치마킹은 기업에서 경쟁력을 제고하기 위해 타사에서 배워 오는 혁신 기법을 말한다. 이는 단순히 제품을 복제하는 것이 아니라 장단점을 분석하여 자사 제품의 품질을 높여 시장 경쟁력을 높이는 것이다. 따라서 경쟁 기업의 품질 수준이 뛰어나다면 그것이 인적 자원이 뛰어나서인지, 정보 시스템이 탁월해서인지 그 요소를 밝혀내고 그것을 자사 제품과 비교하여야 한다.

47 기술능력 산업재해의 예방대책 단계 이해하기

| 정답 | ③

| 해설 | 산업재해의 예방대책은 안전 관리 조직 → 사실의 발견 → 원인 분석 → 시정책 선정 → 시정책 적용 및 뒤처리의 5단계로 이루어진다. 이 중 세 번째 단계인 원인 분석은 재해의 발생 장소, 재해의 형태와 정도, 관련 인원, 직원 감독의 적절성, 공구 및 장비의 상태 등을 정확히 분석하는 단계로, 기술적 개선은 이러한 원인 분석이 끝난 뒤 시정책을 적용하는 마지막 단계에 실시된다.

48 기술능력 지속 가능한 발전의 사례 이해하기

| 정답 | ④

| 해설 | 네 번째 단락에 따르면 신기술이 적용된 엔진은 정속 주행 시에는 흡기 밸브를 압축 행정의 중후반까지 열어 두어 연비를 개선시키고, 가속 주행 시에는 압축 행정의 초반에 닫아 폭발에 사용되는 공기량을 최대화하여 가속성능을 개선시킨다. 즉, 흡기 밸브의 여닫는 시간을 팽창 단계가 아닌 압축 단계에서 조절하여 성능을 향상시키는 것이다.

| 오답풀이 |

① 정속 주행 시에는 흡기 밸브를 압축 행정의 중후반까지 열어 두어 압축 시 발생하는 저항을 감소시키고 압축비도 낮춰 연비 개선 효과를 볼 수 있다고 하였다.

② 첫 번째 단락에 의하면 엔진의 성능과 연비는 향상되면서 동시에 배출가스까지 줄여주는 것이 이번 신기술의 특징이다.

③ 최첨단 엔진 신기술은 엔진의 작동 조건에 따라 흡기 밸브가 열려 있는 기간을 최적화하는 기술이다.

49 기술선택능력 제품 설명서 이해하기

| 정답 | ②

| 해설 | 표에 제시된 청소 방법에 따르면 멀티세이버가 오염되면 성능이 저하되고 이상 소음이 발생할 수 있으므로 1개월에 한 번씩 세척해 주어야 한다.

50 기술선택능력 제품 설명서 이해하기

| 정답 | ③

| 해설 | ㉡ 일체형 필터를 물로 세척하면 안 되며, 평소 제품 사용 중에도 물에 닿지 않도록 주의해야 한다.

㉢ 일산화탄소(CO)는 필터로 제거할 수 없는 유해가스이며 주로 실외에서 유입된다.

| 오답풀이 |

㉠ 기기에서 비정상적인 소리가 발생하여 멀티세이버를 세척하였는데도 소리가 그치지 않으면 이온 발생 중에 나오는 소리이므로 정상이다.

㉣ 먼지 및 가스센서는 청소기를 이용하여 수시로 청소해 주어야 한다.

고시넷 NCS

공기업 고졸채용 NCS 기출예상모의고사

6회